Collection ICETE

Bonnes pratiques pour la formation doctorale en théologie

J'ai soigneusement examiné ces bonnes pratiques pour la formation doctorale et j'ai été très impressionné par leur couverture globale et leur articulation judicieuse. Les documents reflètent les exigences des études de doctorat dans les établissements d'enseignement supérieur.

Dr Wadi Haddad
Président de Knowledge Enterprise
Rédacteur en chef de *TechKnowLogia*
Ancien Chef du département de l'éducation de la Banque mondiale

Ce livre fait date pour l'érudition évangélique. Il démontre sans équivoque l'importance que les évangéliques accordent à l'enseignement supérieur. Il confirme surtout que l'objectif des études universitaires ne se limite pas à la seule acquisition des connaissances. Tout en reconnaissant fermement la validité des doctorats universitaires, le document reconnaît également l'importance incontestable des doctorats professionnels. En effet, on peut voir clairement dans le document que les normes pour les doctorats universitaires et professionnels sont conçues de telle sorte que les doctorats professionnels bénéficient de processus tout aussi rigoureux que ceux des doctorats universitaires. Ces normes sont conçues pour que ceux qui obtiennent le grade de doctorat professionnel puissent s'engager dans l'érudition mondiale et converser avec d'autres savants ayant obtenu leur titre dans des contextes différents, sans orientation évangélique. En tant qu'Africain travaillant dans une institution universitaire en Afrique, je suis absolument ravi que ces bonnes pratiques pour la formation doctorale aient été élaborées car elles permettent aux institutions théologiques sur le continent, qui ont déjà commencé ou envisagent de commencer des programmes doctoraux, de disposer de normes qui peuvent servir de références lorsque ces institutions développent leurs propres normes et entament des discussions avec les organismes d'accréditation, ou les autres institutions ayant leurs propres standards.

Dr Desta Heliso
Directeur de l'Ethiopian Graduate School of Theology (EGST)
Président de l'Association for Christian Theological Education in Africa (ACTEA)

De nombreuses institutions du monde émergent se sont engagées à proposer des diplômes de niveau supérieur dans l'enseignement théologique, y compris au niveau du doctorat. Ce document, produit par l'ICETE, à l'issue de plusieurs consultations mondiales, fournit des repères d'excellence, pour les futurs doctorants. J'ai la conviction et le ferme espoir qu'à l'avenir, nous aurons des spécialistes du monde émergent formés, ancrés à la fois dans la Parole de Dieu et dans la tradition d'excellence théologique, et engagés dans le monde entier – et dans leur propre contexte.

Dr Ashish Chrispal
Directeur régional pour l'Asie, Overseas Council, États-Unis

La formation théologique a besoin d'érudits, formés au plus haut niveau universitaire et qui utiliseront leur science pour exprimer le plus profond niveau de fidélité à la mission de Dieu pour l'Église et le monde. Cet ouvrage cherche à répondre à ce besoin en offrant une définition réfléchie de la qualité dans la formation doctorale. Les bonnes pratiques présentées dans ce livre comprennent un cadre biblique et théologique, ainsi que des conseils appropriés pour les besoins en formation, en administration et en ressources des programmes de doctorat. Si les institutions accréditées par les associations membres de l'ICETE les mettent en œuvre avec soin, il en résultera une formation doctorale commune qui servira efficacement les institutions théologiques. Il s'agit d'un document important et de grande portée.

Dr Daniel Aleshire
Directeur exécutif de The Association of Theological Schools (ATS)

Bonnes pratiques pour la formation doctorale en théologie

Sous la direction de
Ian J. Shaw

avec la collaboration de
Scott Cunningham et Bernhard Ott

Directeur de collection
Riad Kassis

© Ian J. Shaw, 2018

Publié en 2018 par Langham Global Library,
Une marque de Langham Publishing
www.langhampublishing.org

Les éditions Langham Publishing sont un ministère de Langham Partnership.
Langham Partnership
PO Box 296, Carlisle, Cumbria CA3 9WZ, UK
www.langham.org

ISBNs:
978-1-78368-526-4 Print
978-1-78368-527-1 ePub
978-1-78368-529-5 PDF

Conformément au « Copyright, Designs and Patents Act, 1988 », Ian J. Shaw déclare qu'il est en droit d'être reconnu comme étant l'Auteur de cet ouvrage.

Tous droits réservés. La reproduction, la transmission ou la saisie informatique du présent ouvrage, en totalité ou en partie, sous quelque forme ou par quelque procédé que ce soit, électronique, mécanique, photographique, est interdite sans l'autorisation préalable de l'Éditeur ou de la Copyright Licensing Agency.

Sauf indication contraire, les citations bibliques sont tirées de la Bible version Segond 21 Copyright © 2007 Société Biblique de Genève. Reproduit avec aimable autorisation. Tous droits réservés.

Traduit de l'anglais par Joelle Giappesi. Titre d'origine : *Best Practice Guidelines for Doctoral Programs*, Carlisle, Langham Global Library, 2015.

Les citations qui figurent dans ce livre et sont tirées d'ouvrages en anglais ont toutes été traduites par le traducteur.

British Library Cataloguing in Publication Data
A catalogue record for this book is available from the British Library

ISBN : 978-1-78368-526-4

Mise en page et couverture : projectluz.com

Langham Partnership soutient activement le dialogue théologique et le droit pour un auteur de publier. Toutefois, elle ne partage pas nécessairement les opinions et avis avancés ni les travaux référencés dans cette publication et ne garantit pas l'exactitude grammaticale et technique de celle-ci. Langham Partnership se dégage de toute responsabilité envers des personnes ou biens en ce qui concerne la lecture, l'utilisation ou l'interprétation du contenu publié.

J'exprime toute ma reconnaissance et gratitude à Jim et Carolyn Blankemeyer et la Fondation Blankemeyer pour leur soutien inconditionnel à la formation doctorale en théologie dans le monde émergent.

Préface

De nos jours, l'apparition croissante de formations doctorales évangéliques dans le monde émergent est l'une des tendances les plus importantes et les plus significatives de la formation théologique mondiale.

En 2004, Chris Wright, le Directeur des ministères internationaux de Langham Partnership, rédigea un document sur la formation doctorale dans les institutions du monde émergent[1]. Lors de la consultation internationale de 2006 de Chiang Mai (Thaïlande) du Conseil International de la Formation Théologique Évangélique (ICETE), il évoqua le besoin d'organiser une consultation internationale pour les nouvelles formations doctorales au sein du monde émergent évangélique. Paul Sanders, directeur international de l'ICETE à l'époque, entama des discussions exploratoires avec Chris Wright et David Baer de l'Overseas Council (OC) sur la faisabilité d'une « initiative doctorale de l'ICETE » visant à soutenir les écoles doctorales du monde émergent. Les deux organismes internationaux décidèrent de développer une telle initiative.

Ainsi, l'ICETE mit sur pied un comité de supervision, composé de représentants d'institutions internationales offrant déjà des programmes de doctorat, pour aider à développer l'initiative doctorale de l'ICETE, à savoir : feu Douglas Carew (AIU/NEGST Kenya), président ; et Carver Yu (CGST Hong Kong) ; Oscar Campos (SETECA Guatemala) ; Theresa Lua (AGST Philippines) ; ainsi que Paul Sanders (ICETE), membre de droit. Le groupe se réunit pour la première fois en Octobre 2009, à Sopron, en Hongrie.

L'initiative doctorale de l'ICETE a ensuite été officiellement lancée avec une consultation de planification tenue en mars 2010 à Beyrouth, au Liban. Une sélection d'institutions clés, proposant des formations doctorales dans le monde émergent et représentatives du mouvement au sens large, ont participé à cet événement. La consultation de Beyrouth a exploré un large éventail d'intérêts pertinents. Elle a également permis l'élaboration d'une déclaration sur l'excellence dans la formation doctorale, intitulée *The Beirut Benchmarks – Les standards de Beyrouth*[2].

---

1. N.D.T. : Dans la langue d'origine, ce document s'intitule « Doctoral Scholarships in Majority World Institutions ».
2. Voir la section 1 de ce livre.

Une deuxième consultation de planification a eu lieu en octobre 2011 à Bangalore, en Inde. L'assemblée a adopté à l'unanimité les « Déclarations de Bangalore ». Une adaptation des standards de Beyrouth pour les doctorats professionnels[3] a également été approuvée[4]. Une troisième consultation doctorale de l'ICETE a eu lieu en octobre 2012 à Nairobi, au Kenya.

En 2013, le Dr Riad Kassis, directeur international actuel de l'ICETE, a formé un conseil consultatif et un comité directeur pour faire progresser l'initiative en cours de l'ICETE. Celle-ci consiste à soutenir les nouvelles formations doctorales théologiques qui ont émergé dans les institutions théologiques éminentes du monde émergent. Une liste complète des membres du conseil consultatif et du comité directeur se trouve à la fin de ce livre.

Les documents du présent ouvrage ont été produits au bénéfice des formations doctorales dans les disciplines théologiques partout où elles sont offertes par les institutions évangéliques, que ce soit dans le monde émergent ou en Occident. Ces documents découlent des consultations précitées, auxquelles ont participé des délégués de l'ICETE, de Langham Partnership et de l'Overseas Council, ainsi qu'un éventail de responsables académiques du monde émergent. Les documents ont été élaborés pour aider à améliorer les formations doctorales actuelles et celles en cours de développement à l'échelle mondiale. Ils expliquent et développent les documents de fond approuvés lors de ces consultations – « les standards de Beyrouth » et l'adaptation de ceux-ci aux programmes de doctorat professionnels – et fournissent des lignes directrices sur la manière dont ces principes fondamentaux peuvent être appliqués.

Les bonnes pratiques présentées dans ce livre sont conçues pour aider les écoles doctorales dans leur aspiration à une amélioration continue. Dans certains pays, les études doctorales des étudiants évangéliques ne se déroulent pas dans des institutions évangéliques mais dans un cadre universitaire laïque sous la direction d'un directeur de thèse évangélique. Dans de tels cas, certaines des normes décrites dans ces critères peuvent ne pas s'appliquer directement. Il n'en demeure pas moins que les principes clés de ces documents peuvent être facilement transposés dans ces contextes.

Toute ma gratitude va au Seigneur pour sa grâce qui a permis la préparation de ces documents importants. Je tiens également à exprimer ma reconnaissance

---

3. N.D.E. : Notons que les doctorats professionnels n'existent pas dans tous les pays francophones.
4. Voir la section 2 de ce livre.

à ceux qui n'ont pas ménagé leurs efforts et leur temps pour contribuer à ce travail, en particulier Ian Shaw, Paul Bowers, Scott Cunningham, et Bernhard Ott.

Riad Kassis
Directeur International de l'ICETE
Directeur de Langham Scholars, un ministère de Langham Partnership

Section 1

Les standards de Beyrouth

Les études doctorales au sein d'une institution chrétienne évangélique sont fondées sur un savoir qui va au-delà des connaissances universitaires. Dans la Bible, l'acquisition et l'exercice de la sagesse impliquent conjointement la foi, la raison et l'action.

L'acquisition et l'exercice de la sagesse requièrent :
- La croyance en le Dieu vivant et une confiance entièrement placée en lui (« la crainte de l'Éternel est le commencement de la sagesse », Ps 111.10) ;
- L'utilisation créative et humble des capacités rationnelles que Dieu a accordées aux êtres humains créés à son image ;
- Une manière de vivre dans le monde qui est conforme à l'appel de Dieu et qui permet de participer à la mission de Dieu.

Par conséquent, les études doctorales accomplies selon ce fondement se doivent, dans le contexte évangélique, d'être fondées sur la foi, la raison et la mission. Pour un chrétien, les études doctorales représentent une manière de mettre en pratique le commandement d'« [aimer] le Seigneur, ton Dieu, de tout ton cœur, de toute ton âme, de toute ta pensée et de toute ta force » (Mc 12.30).

Dans un tel cadre d'identité et d'engagement chrétiens, le grade de docteur sera accordé aux étudiants qui, en plus de la qualité académique de leur travail doctoral, sont également membres d'une Église, loués pour leur qualité de disciple et leur *leadership*, et qui démontrent, à travers une évaluation appropriée, les qualités suivantes :

1. **Des connaissances globales** mettant en évidence une maîtrise large et systématique d'un champ d'étude pertinent pour la communauté chrétienne, ainsi qu'une expertise dans les compétences et méthodes de recherche appropriées à ce domaine.

2. **Des compétences critiques, exercées dans la fidélité à la foi**, démontrées par une capacité à faire une analyse critique, mener une évaluation indépendante de sources primaires et secondaires et synthétiser des idées nouvelles et interdépendantes à travers une argumentation cohérente. Cette démarche requiert un engagement à exercer ces compétences sur le fondement de la fidélité biblique à Jésus-Christ et à son Église.
3. **Une démarche de recherche rigoureuse et intègre**, ayant démontré la capacité à concevoir, réaliser et mener à bien un projet conséquent de recherche ayant pour résultat une thèse complète et cohérente, et de le faire avec une intégrité chrétienne et universitaire.
4. **Une contribution créative et originale** ayant produit, comme résultat de la démarche rigoureuse décrite ci-dessus, un travail qui élargit les frontières du savoir ou apporte un regard nouveau dans l'articulation et la contextualisation de la tradition chrétienne. Parmi ces contributions, certaines mériteront une publication évaluée par des pairs sur le plan national ou international.
5. **Une pertinence contextuelle**, par laquelle le doctorant montre, au cours de son travail et par une juste évaluation du potentiel futur de ce dernier, une capacité à mener une réflexion critique informée par l'Écriture et en dialogue avec les réalités de son contexte culturel.
6. **Une capacité à communiquer** par laquelle le doctorant se montre capable de présenter son travail à un public universitaire, et, lorsque cela est approprié, à un public plus large dans la communauté chrétienne et au-delà de celle-ci. Cette compétence devrait pouvoir être exercée dans la langue maternelle du doctorant, et d'une manière culturellement appropriée, par l'enseignement, la prédication ou l'écriture.
7. **Un impact sur la mission**, qui se caractérise par un engagement sincère à faire fructifier son travail doctoral, et les compétences et opportunités acquises au cours de ce dernier, pour promouvoir le royaume de Dieu et contribuer à l'avancement de la mission de l'Église (sur le plan local et mondial). Ceci s'exprimera par un esprit de service et une détermination à faire le bien à l'image de Jésus-Christ, à la gloire de Dieu.

Approuvé à l'unanimité le 6 mars 2010 par les participants à la consultation doctorale de l'ICETE, Beyrouth, Liban.

Section 2

Les standards de Beyrouth : Adaptation aux doctorats professionnels[1]

Le doctorat professionnel représente l'une des dimensions du ministère chrétien. C'est une qualification de niveau doctoral qui utilise la pratique professionnelle du candidat comme partie intégrante de la structure du processus d'apprentissage. Le cadre pratique de l'étudiant est un élément central du projet de recherche. Dans le doctorat professionnel, l'étudiant œuvre, à partir de la théorie et de la pratique simultanée, à améliorer ses propres compétences, ainsi que celles de l'ensemble de la profession. Le titulaire d'un doctorat professionnel dans le ministère chrétien est par conséquent un professionnel de la recherche, élargissant les frontières de la pratique réflexive dans l'un des domaines du ministère chrétien. Les ajustements opérés dans le texte initial des standards de Beyrouth pour l'adaptation aux doctorats professionnels a été mis en italique ci-après.

---

1. N.D.E. : Notons que le doctorat professionnel n'existe pas dans tous les pays francophones. Il existe dans la plupart des pays anglo-saxons tels que les États-Unis, le Royaume-Uni, le Canada et l'Australie. Distinct du doctorat traditionnel, le doctorat professionnel est « un doctorat fondé sur l'enseignement, mais le domaine d'étude est une discipline professionnelle plutôt qu'universitaire. On recourt généralement à divers outils didactiques dans le cadre de la formation. Si ce diplôme est axé sur la recherche, son intérêt tient normalement davantage (ou également) à la mise en application des découvertes de l'étudiant dans sa pratique professionnelle (il donne lieu à une réflexion sur la pratique) » (Jeroen Huisman et Rajani Naidoo, « Le doctorat professionnel : quand les défis anglo-saxons deviennent des défis européens », *Politiques et gestion de l'enseignement supérieur*, vol. 18, no. 2, 2006, p. 64-79 https://www.cairn.info/revue-politiques-et-gestion-de-l-enseignement-superieur-2006-2-page-64.htm).

Les études doctorales au sein d'une institution chrétienne évangélique sont fondées sur un savoir qui va au-delà des connaissances universitaires. Dans la Bible, l'acquisition et l'exercice de la sagesse impliquent conjointement la foi, la raison et l'action.

L'acquisition et l'exercice de la sagesse requièrent :
- La croyance en le Dieu vivant et une confiance entièrement placée en lui (« la crainte de l'Éternel est le commencement de la sagesse », Ps 111.10) ;
- L'utilisation créative et humble des capacités rationnelles que Dieu a accordées aux êtres humains créés à son image ;
- Une manière de vivre dans le monde qui est conforme à l'appel de Dieu et qui permet de participer à la mission de Dieu.

Par conséquent, les études doctorales accomplies sur ce fondement se doivent, dans le contexte évangélique, d'être fondées sur la foi, la raison et la mission. Pour un chrétien, les études doctorales représentent une manière de mettre en pratique le commandement d'« [aimer] le Seigneur, ton Dieu, de tout ton cœur, de toute ton âme, de toute ta pensée et de toute ta force » (Mc 12.30).

Dans un tel cadre d'identité et d'engagement chrétiens, le grade de *docteur professionnel* sera accordé aux étudiants qui, en plus de la qualité académique de leur travail doctoral, sont également *membres d'une Église, des pratiquants expérimentés et reconnus dans un ministère chrétien*, qui se distinguent par leur qualité de disciple et leur *leadership* reconnu et qui, grâce à un examen approprié *et une évaluation professionnelle conduite par des pairs, ont fait preuve* des qualités suivantes :

1. **Des connaissances globales**, mettant en évidence une compréhension ample et systématique d'un domaine d'études *à l'avant-garde de la pratique professionnelle dans l'un des aspects du ministère chrétien*, une maîtrise des compétences et des méthodes de recherche *ainsi qu'une réflexion appliquée dans un contexte spécifique de ministère*.
2. **Des compétences critiques, exercées dans la fidélité à la foi**, démontrées par une capacité à mener une analyse critique, une évaluation indépendante de sources primaires et secondaires, et une capacité de *recherche fondée sur la pratique. Les étudiants font preuve de leur aptitude à maintenir une distance critique appropriée par rapport à leur propre contexte professionnel et à intégrer des connaissances universitaires et une pratique professionnelle à un niveau doctoral. Ils démontrent aussi leur engagement à exercer ces compétences* sur la base de la fidélité biblique à Jésus-Christ et à son Église.

3. **Une démarche de recherche rigoureuse et intègre**, démontrant la capacité à concevoir, planifier et mener à bien un projet substantiel de recherche, *débouchant sur une thèse complète et cohérente, intégrant l'expérience professionnelle actuelle et antérieure, la capacité de générer une critique mutuelle avec des penseurs et des praticiens hors du contexte de ministère immédiat*, avec une intégrité chrétienne et universitaire.
4. **Une contribution originale et créative**, ayant démontré grâce à cette démarche rigoureuse, un apport original et créatif qui : a) élargit les frontières du savoir, b) *génère de nouvelles perspectives, approches ou paradigmes dans la pratique professionnelle*, et c) renforce l'intégration de la réflexion théologique et la pratique du ministère chrétien, et méritera par conséquent d'être publiée dans la littérature professionnelle nationale ou internationale.
5. **Une pertinence contextuelle**, par laquelle le doctorant montre, au cours de son travail et par une juste évaluation du potentiel futur de ce dernier, une capacité à mener une réflexion critique informée par l'Écriture *et une pratique professionnelle améliorée et adaptée* aux réalités de son contexte culturel.
6. **Une aptitude à communiquer**, par laquelle le doctorant se montre capable de présenter son domaine d'expertise à des audiences d'un niveau universitaire et *professionnel* identique. Le cas échéant, cette communication s'étend à tous les publics des communautés chrétiennes locales et de la société dans son ensemble, de manière culturellement pertinente, y compris dans leurs langues maternelles, au moyen, par exemple, de l'enseignement, de la prédication ou de l'écriture.
7. **Un impact sur la mission**, qui se caractérise par l'engagement sincère *de l'étudiant à faire fructifier* son travail doctoral, *ainsi que* les compétences que ce travail lui donne et les opportunités qu'il lui offre, pour promouvoir le royaume de Dieu et contribuer à l'avancement de la mission de l'Église (locale aussi bien que mondiale). Ceci s'exprimera *par une amélioration significative de la théorie et de la pratique professionnelle* pour un service transformationnel semblable au *leadership* du Christ, pour la gloire de Dieu.

Approuvé à l'unanimité le 14 octobre 2011 par les participants à la consultation doctorale de l'ICETE, Bangalore, Inde.

Section 3

Bonnes pratiques pour la formation doctorale

I. Introduction

Dans tous les aspects de leur vie, les chrétiens devraient tendre à consacrer leurs efforts à servir Dieu fidèlement et à exercer une pratique exemplaire. Ces efforts font partie d'une vie chrétienne intégrée à la société et sont une réponse aux besoins et défis de chacun des contextes dans lesquels nous travaillons et adorons Dieu.

Il est nécessaire d'adopter de bonnes pratiques afin de protéger les normes universitaires et d'assurer que les institutions théologiques offrent des études doctorales dans la tradition évangélique et conformément aux attentes nationales et internationales. En pratique, les études doctorales contribuent à la formation spirituelle des chercheurs et les équipe pour entreprendre leur recherche à la gloire de Dieu.

Les bonnes pratiques que nous allons présenter ci-après développent les implications de ce qui est énoncé dans les standards de Beyrouth et leur adaptation pour les doctorats professionnels. Elles sont conçues, non seulement pour établir un haut niveau d'exigence et pour illustrer la manière dont les standards de Beyrouth peuvent être appliqués, mais également pour servir d'outil d'analyse afin d'encourager la réflexion continue sur les bonnes pratiques à suivre dans la formation doctorale en théologie. Elles cherchent à présenter des principes mondiaux de bonnes pratiques à adopter pour la formation doctorale. Ces directives sont conçues pour les institutions théologiques, les facultés de théologie et les universités chrétiennes en Occident et dans le monde émergent.

L'excellence des bonnes pratiques vers lesquelles nous tendons doit être crédible. Elle devrait pouvoir être évaluée au moyen de repères mesurables, afin que les institutions puissent réfléchir à leurs pratiques et s'efforcer constamment de les améliorer. Dans cette optique, l'excellence universitaire est un prérequis non négociable. Nous devons aussi avoir une compréhension plus large et plus complète de l'excellence, et qui ne soit pas uniquement universitaire. Avec l'essor mondial des formations doctorales, la pression s'accroît pour une « harmonisation » internationale des qualifications. Le doctorat étant une offre de formation mondiale, il doit être conforme à certaines attentes et normes mondiales, et être à la hauteur des principaux points de référence internationaux. Par exemple, le processus de Bologne et l'Espace européen de l'enseignement supérieur établit déjà des normes et crée une pression incitant à la conformité qui se fait sentir bien au-delà de l'Europe. La nécessité d'être crédible et d'obtenir la reconnaissance du gouvernement national pour les programmes de doctorat signifie que cette question n'est plus un débat confiné à l'Occident. De nombreux organismes nationaux à travers le monde se tournent également vers Bologne pour les critères de références. Lors de la consultation doctorale de l'ICETE à Beyrouth en 2010, il a été décidé de considérer les Descripteurs de Dublin[1] comme point de départ pour une compréhension des normes d'enseignement doctoral internationalement acceptées, et de les enrichir d'une philosophie de l'éducation distinctement chrétienne. Ce besoin de formuler des critères pour les études de doctorat proposés par les institutions théologiques dans la tradition évangélique – compris et acceptés en Asie, en Europe, en Afrique, en Amérique du Nord et du Sud, et en Australasie – est à l'origine des standards d'excellence de Beyrouth, qui sont nés de ces discussions.

Les études doctorales ne devraient cependant pas être toutes identiques. Il y aura des différences contextuelles dans un certain nombre de domaines. Néanmoins, l'offre finale devrait respecter les critères scientifiques du doctorat et être reconnue comme tel aux yeux de la communauté universitaire mondiale, des Églises, et des étudiants qui entreprennent le programme. Le doctorat doit

---

1. N.D.E. : « Les Descripteurs de Dublin sont les descripteurs de cycle (ou "descripteurs de niveau") présentés en 2003 et adoptés en 2005 comme cadre de certifications de l'espace européen de l'enseignement supérieur. Ils offrent une description générale des résultats globalement attendus en matière d'accomplissements et de capacités associées aux récompenses qui viennent clore chaque cycle ou niveau (de Bologne). Les descripteurs sont formulés en termes de niveaux de compétence et non de résultats d'apprentissage, pour une distinction claire et intelligible des différents cycles » http://ec.europa.eu/education/ects/users-guide/glossary_fr.htm#ectsTop [consulté le 12/06/2017].

répondre aux normes les plus élevées d'excellence. Dans de nombreux pays, le doctorat est le plus élevé des diplômes[2]. Certaines écoles doctorales offrent des mentions différentes au sein du doctorat lui-même (comme « Honorable », « Très honorable », et même « Très honorable avec les félicitations du Jury », etc.). La nature même du doctorat exige l'excellence de ceux qui l'offrent. Dans cet esprit, les dirigeants des institutions théologiques évangéliques devraient se mobiliser pour faire du doctorat le summum de la formation chrétienne. Il devrait être considéré comme le domaine par excellence où nous devons nous dépasser afin de préparer les leaders chrétiens pour le service.

Les institutions qui proposent des études jusqu'au doctorat devraient le faire avec les bonnes motivations. Il en est de même pour les candidats qui se présentent aux études doctorales. Ainsi que l'a récemment écrit Andrew Walls :

> Il est nécessaire de commencer par faire la distinction entre la promotion de l'érudition et la création de doctorats. Il y a déjà dans le monde assez de titulaires de doctorats qui n'ont pas ou qui n'ont que peu contribué à l'érudition. Il est inutile de mettre en place des « usines » en Afrique et en Asie, quelles qu'efficaces soient-elles, pour former des gens à passer par des cycles de doctorat alors qu'ils n'ont pas de vocation pour l'érudition et pas de passion pour son exercice (car il en faut, et rien de moins). La poursuite d'une vie d'érudition est une vocation chrétienne dans le cadre de la mission de Dieu pour le monde ; en comparaison avec cela, la quête de doctorat est frivolité[3].

La recherche de l'excellence dans la prestation des études doctorales signifie que l'institution est une communauté « d'apprentissage », et non seulement une communauté où l'apprentissage a lieu. Cette recherche d'excellence poussent les acteurs de la formation théologique à constamment s'efforcer de faire mieux ; être plus semblables au Christ dans ce qu'ils font ; être plus conformes à la Bible dans leurs principes directeurs ; et être toujours plus désireux de normes plus élevées. C'est en évaluant régulièrement leur pratique que les institutions peuvent faire face à leurs erreurs et en tirer un enseignement afin de s'améliorer.

---

2. N.D.E. : Cependant, notons qu'en France, par exemple, l'habilitation à diriger des recherches (en abrégé HDR) est le plus élevé des diplômes français. Il peut être obtenu après un doctorat et permet de diriger des thèses de doctorat, d'être choisi comme rapporteur, ou de postuler à un poste de professeur des universités.
3. Andrew Walls, « World Christianity, Theological Education and Scholarship », *Transformation* 28, no. 4, 2011, p. 235-240.

II. Comprendre la nature de la recherche

Traditionnellement, la recherche est considérée comme étant une étude originale entreprise afin d'acquérir le savoir et la compréhension. La recherche comprend la production d'idées, l'élaboration de projets qui donnent lieu à une vision nouvelle ou améliorée, et l'utilisation de connaissances pour produire des documents, des procédés et des conceptions nouveaux ou améliorés. C'est au cœur de la recherche que réside l'érudition, qui implique la création, le développement et l'entretien de l'infrastructure intellectuelle d'un sujet ou d'une discipline. Les compétences essentielles qui découlent d'une véritable érudition impliquent : *la consolidation, la découverte, l'intégration* et *l'application*.

- *La consolidation* puise ses racines dans la prise de conscience de l'ampleur de la recherche qui a eu lieu avant le début d'un projet, le fondement sur lequel notre propre savoir se base. Elle nécessite la compréhension, l'analyse et la synthèse de la recherche antérieure et ses implications pour l'étude et les contextes actuels.
- *La découverte* implique la curiosité de découvrir de nouveaux éléments, de développer de nouveaux arguments ou d'explorer des documents et des sources qui n'ont pas encore été lus et étudiés. Elle est motivée par le désir de voir une question ou un problème plus clairement. Un document ancien peut ainsi être revu d'une nouvelle façon.
- *L'intégration* découle de la découverte. Il s'agit d'établir des liens, de construire des ponts vers les connaissances actuelles et d'en explorer les conséquences. Dans certains cas, ce type d'études peut conduire à des hypothèses et à des conclusions nouvelles. Dans d'autres, il peut confirmer les conclusions existantes mais il peut le faire d'une nouvelle façon.
- La recherche devrait être *diffusée* et *appliquée*. Elle traite non seulement des questions pertinentes au débat universitaire actuel mais répond aussi aux besoins de la communauté chrétienne dans son ensemble. Elle est également en lien avec les besoins pédagogiques de l'institution théologique et fait naître des approches stimulantes, créatives et efficaces pour l'enseignement et l'apprentissage, ainsi que pour la diffusion des résultats.

Les possibilités de la recherche

La recherche représente une manière d'aimer Dieu de toute sa pensée (Mt 22.37-40). L'accent mis sur la « nouveauté » ne signifie pas que la recherche représente nécessairement un défi pour l'orthodoxie biblique ou confessionnelle. La recherche peut légitimement être perçue comme un moyen de créer de nouveaux paradigmes là où ils sont nécessaires mais aussi de renforcer ceux qui existaient sur la base d'une conviction de l'autorité biblique, d'une vision du monde distinctement chrétienne et de l'orthodoxie confessionnelle. Les chercheurs sont à la fois précurseurs d'une réflexion nouvelle mais également rénovateurs et restaurateurs des valeurs fondamentales du royaume, et pierres de fondation de la formation spirituelle.

La recherche entreprise à la gloire de Dieu

L'humilité qui caractérise l'étudiant l'engage à la prudence lorsqu'il formule les résultats de sa recherche. Il met ses travaux à l'épreuve de la critique de ses pairs, pour progresser dans les connaissances nouvelles qu'il établit. Le désir dominant du chercheur chrétien devrait être de rendre gloire à Dieu par la recherche, de la même manière qu'il cherche à rendre gloire à Dieu dans tous les aspects de sa vie. La prière accompagne ce processus de recherche d'idées, et c'est Dieu seul en fin de compte qui devrait recevoir toute la reconnaissance pour les idées qu'il apporte.

III. Principes clés pour une bonne pratique en formation doctorale

1. Les études doctorales menées dans un contexte évangélique sont fondées sur une compréhension véritablement chrétienne du savoir et de la sagesse.

Une authentique philosophie chrétienne de l'enseignement devrait être l'essence des programmes de doctorat dans les institutions théologiques évangéliques. Les études doctorales réalisées dans une université évangélique auront ainsi la même rigueur académique et les mêmes normes que celles d'une université laïque, mais reposeront sur des principes fondateurs différents. Ceci est exprimé au tout début des standards de Beyrouth. Le savoir représente plus que la simple assimilation d'informations en grand nombre : « Dans la Bible, l'acquisition et l'exercice de la sagesse impliquent conjointement la foi, la raison et l'action ». L'étude doctorale évangélique est donc un exercice de foi tout autant qu'un exercice intellectuel. « Le commencement de la sagesse, c'est la crainte de l'Éternel » (Pr 9.10). Comme les standards de Beyrouth l'indiquent, cette sagesse « requiert la croyance en le Dieu vivant et une confiance entièrement placée en lui ».

L'étude doctorale est donc fondée sur la foi ; elle s'appuie sur des valeurs de foi personnelle et communautaire. Cette base est un fondement solide pour la recherche sans toutefois la limiter. Cet exercice de foi ne devrait pas être séparé de l'esprit, et, comme le soulignent les standards de Beyrouth, il exige « l'utilisation créative et humble des capacités rationnelles que Dieu a accordée aux humains créés à son image ». Réfléchir profondément aux choses divines fait partie de l'adoration ; nous sommes appelés à aimer le Seigneur, notre Dieu, de tout notre cœur, de toute notre âme et de toute notre pensée (Mt 22.37). Cela fait partie de l'exercice des disciplines spirituelles.

Une approche holistique de la formation doctorale donne une autre dimension à l'expérience du candidat, et en raison de cela, les caractéristiques d'intégrité et d'intégration sont nécessaires. Compte tenu de ces principes, l'expérience de la formation doctorale dans une faculté de théologie ou une université chrétienne est sensiblement différente de celle d'un établissement laïc. La formation doctorale dans une institution théologique devrait être aussi excellente, sur le plan universitaire, que celle offerte dans une institution laïque, mais devrait aussi être associée à une compréhension complète de la connaissance et de la sagesse, établissant pour le croyant un contexte riche et épanouissant dans lequel l'excellence dans les disciplines académiques et spirituelles est sciemment encouragée.

2. La formation doctorale dans les institutions théologiques évangéliques se fonde sur la Bible.

Dans les institutions théologiques évangéliques, la Parole de Dieu est le point d'appui de toute réflexion théologique. Cela ne signifie pas que la Bible soit le seul sujet étudié. Néanmoins, l'étude de la Bible devrait toucher tous les autres domaines de l'étude théologique et leur application, comme discipline fondamentale de la théologie chrétienne. L'Engagement du Cap du Mouvement de Lausanne l'exprime clairement :

> *La première raison d'être* de l'enseignement théologique est la formation de ceux qui dirigent l'Église en qualité de pasteurs et enseignants, il les équipe pour enseigner la vérité de la Parole de Dieu avec fidélité, pertinence et clarté. *Sa deuxième raison d'être* est

d'équiper tout le peuple de Dieu en vue de la tâche missionnelle consistant à comprendre la vérité de Dieu et à la communiquer avec pertinence dans tous les contextes culturels[4].

Par conséquent, la formation doctorale dans les contextes évangéliques devrait être l'un des aspects d'un plus grand objectif : celui de préparer les responsables chrétiens à lire, interpréter et proclamer fidèlement la Bible, comme Paul l'a écrit sur le rôle du dirigeant d'Église dans Tite 1.9 : « Il doit être attaché à la parole digne de confiance telle qu'elle a été enseignée, afin d'être capable à la fois d'encourager les autres par la saine doctrine et de réfuter les contradicteurs[5]. » Ceux qui prennent des décisions sur les admissions des candidats en doctorat et ceux qui évaluent les propositions de recherche d'étudiants potentiels devraient considérer cet aspect et encourager les doctorants à garder en tête, dès le début, ce plus grand objectif, sans toutefois limiter la liberté d'investigations indispensable au processus de recherche[6].

3. Les études doctorales dans les disciplines théologiques devraient être « missionnelles[7] ».

Ainsi que l'indiquent les standards de Beyrouth, les doctorats en théologie contribuent à « promouvoir le royaume de Dieu et [faire avancer] la mission de

---

4. Le mouvement de Lausanne, « L'Engagement du Cap », 2011, https://www.lausanne.org/fr/mediatheque/lengagement-du-cap/engagement-du-cap [Consulté le 12/06/2017].
5. Voir aussi 2 Tm 4.1-2 : « Devant Dieu et devant [le Seigneur] Jésus-Christ qui doit juger les vivants et les morts au moment de sa venue et de son règne, prêche la parole, insiste en toute occasion, qu'elle soit favorable ou non, réfute, reprends et encourage. » 1 Tm 4.13 : « Applique-toi à lire les Écritures dans l'assemblée, à encourager, à enseigner. » Tt 2.1 : « Mais toi, enseigne ce qui correspond à la juste doctrine » (FC97).
6. Cela devrait être encouragé, même dans les domaines qui ne relèvent pas directement des « études bibliques ». Les projets en théologie, en missiologie, en histoire de l'Église et en théologie pratique peuvent soulever des questions sur la façon dont la Bible a été ou est actuellement prêchée, interprétée, pratiquée. L'étude d'autres religions peut être motivée par la formation des étudiants à relier le message de la Bible à d'autres communautés religieuses. Cette composante de la réflexion biblique peut aider à éviter que les projets ne deviennent uniquement philosophiques ou anthropologiques.
7. Par « missionnel », nous n'entendons pas exclusivement axé sur les « études de mission » comme discipline étroitement définie. Le terme « missionnel » se réfère plutôt à l'orientation de la formation doctorale en général, et est utilisé dans son sens holistique. Pour une compréhension complète du terme « missionnel », voir Le mouvement de Lausanne, « L'Engagement du Cap », https://www.lausanne.org/fr/mediatheque/lengagement-du-cap/engagement-du-cap ; Chris Wright, *La Mission*

l'Église (locale et mondiale) ». La formation théologique elle-même est un aspect essentiel de la mission de l'Église, en la servant dans le monde, comme Paul l'a écrit en 2 Timothée 2.2 : « Ce que tu as entendu de moi en présence de nombreux témoins, confie-le à des personnes fidèles qui soient capables de l'enseigner aussi à d'autres[8]. » Proposer une formation théologique de qualité au niveau doctoral est également un aspect de la Seigneurie du Christ qui se reflète à tous les niveaux de la formation théologique, en continuité avec 2 Corinthiens 10.4-5 : « Nous faisons toute pensée prisonnière pour qu'elle obéisse à Christ[9]. » La formation théologique dans la tradition évangélique implique une pleine intégration des milieux académiques dans la mission de l'Église – en déployant les ressources complètes des chrétiens qui travaillent à une tâche de mission au sein de la communauté estudiantine.

Cependant, la formation théologique évangélique a également un rôle de mission *envers* le monde académique – celle de fournir, dans le discours universitaire universel, une voix distinctement chrétienne qui doit être entendue et prise en compte. Les érudits chrétiens ont une opportunité unique de s'engager et de façonner les courants théologiques actuels. La formation doctorale aide les érudits chrétiens à s'engager dans ce travail vital de mission pour et au sein de la communauté de chercheurs, ce qui leur permet d'apporter aux débats clés une réponse distincte et intellectuellement crédible, d'un point de vue évangélique. Les jeunes chercheurs du monde émergent ont une vision unique et des perspectives culturelles et théologiques que les érudits de l'Occident devraient entendre, et vice versa.

L'appel chrétien, ou la vocation, à devenir un enseignant théologique devrait être reconnu et honoré. Jean Calvin a parlé du rôle du *doctor ecclesiae*, le docteur de l'Église[10]. De plus, Andrew Walls nous rappelle que « la poursuite d'une vie d'érudition est une vocation chrétienne en accord avec la mission de Dieu pour

---

de Dieu : Fil conducteur du récit biblique, Charols, Excelsis, 2012 ; Samuel T. Logan, sous dir., *Reformed Means Missional: Following Jesus into the World*, Greensboro, New Growth Press, 2013.

8. Col 1.28-29 : « C'est lui que nous annonçons, en avertissant et en instruisant toute personne en toute sagesse, afin de présenter à Dieu toute personne devenue adulte en [Jésus-]Christ. C'est à cela que je travaille en combattant avec sa force qui agit puissamment en moi. »
9. 2 Co 10.4-5 : « En effet, les armes avec lesquelles nous combattons ne sont pas humaines, mais elles sont puissantes, grâce à Dieu, pour renverser des forteresses. Nous renversons les raisonnements et tout obstacle qui s'élève avec orgueil contre la connaissance de Dieu, et nous faisons toute pensée prisonnière pour qu'elle obéisse à Christ ».
10. Calvin, *Institution* 4.3.

le monde[11] ». Ainsi, dans leur logique et leur motivation, les études doctorales devraient en fin de compte être missionnelles, dans le but de contribuer à l'extension du royaume de Dieu dans le monde.

4. Les études doctorales devraient se faire en communauté.

La communauté joue un rôle important dans la formation des chercheurs. Les études doctorales classiques, avec un seul chercheur travaillant avec un seul directeur de thèse, ont débouché sur un modèle qui a souvent généré un sentiment d'isolement, de solitude et d'individualisme. Les études conçues pour produire non seulement l'excellence académique, mais aussi pour stimuler une authentique formation spirituelle, devraient aborder les différentes manières de créer une communauté d'apprentissage. Cette communauté soutiendrait et encouragerait tous ses membres et les appellerait à se dépasser. La création d'une communauté d'apprentissage dont les membres se soutiennent mutuellement devrait figurer parmi les objectifs importants des études doctorales. La communauté représente un élément significatif de la formation spirituelle du chercheur[12].

Bien que la plupart des projets de recherche en théologie soient individuels, ils sont mieux réalisés quand ils sont menés dans un contexte communautaire, où les doctorants se soutiennent mutuellement et sont comptables envers les autres. Les études doctorales qui débutent par une période de cours et une période d'étude en séminaire favorisent cet esprit de communauté.

L'apprentissage en communauté et comportant un sens du service mutuel diminue bien souvent les dangers de l'individualisme et de la solitude qui caractérisent souvent les programmes de doctorat. Au sein de la communauté des chercheurs, le doctorant apprend la pratique de l'examen par ses pairs, de la critique et du dialogue universitaire, ainsi que l'art de gérer la discipline. Œuvrer en faveur de la formation académique et spirituelle en communauté, et au moyen de l'apprentissage en groupe (évalué d'une manière formelle ou non), devrait être encouragé dans la formation doctorale.

Des écoles doctorales ont réussi à créer une communauté en organisant des séminaires de recherche réguliers (mensuels ou plus fréquents) au cours desquels étudiants et professeurs présentent leur travail. D'autres tiennent

---

11. Walls, « World Christianity », p. 235.
12. Ac 2.42 : « Ils persévéraient dans l'enseignement des apôtres, dans la communion fraternelle, dans la fraction du pain et dans les prières. » Ac 17.11 : « Ils accueillirent la parole avec beaucoup d'empressement, et ils examinaient chaque jour les Écritures pour voir si ce qu'on leur disait était exact. »

des colloques de recherche résidentiels, annuels ou semestriels, pour leurs doctorants, dont la participation est requise par le programme. La création d'un groupe de prière, de groupes de recherche et d'études bibliques, et la tenue de rassemblements pour les chercheurs, sont également des moyens efficaces d'encourager la communauté.

Les études de doctorat « à distance » ou « à accès souple » devraient également favoriser un sentiment d'appartenance à la communauté de façon créative. Grâce aux nouvelles technologies de communication, on peut tenir des séminaires de recherche et des groupes de discussion, conduire des débats et des blogs en ligne, et créer ainsi une communauté virtuelle.

Tous les membres de l'établissement, étudiants, professeurs et autres employés gagnent à adopter les valeurs de l'apprentissage et du soutien communautaire. Des dispositifs adaptés permettent aux étudiants non résidents, à temps partiel ou à distance d'être bien intégrés à la communauté de chercheurs.

Ce sens de la communauté devrait s'étendre à la participation dans la communauté chrétienne locale : il est indispensable d'éviter tout sentiment de rupture entre les études de niveau universitaire et l'Église locale. Les études doctorales sont entreprises pour rendre gloire à Dieu et pour servir l'Église. Les doctorants devraient associer leur formation universitaire à la pratique fidèle des disciplines spirituelles quotidiennes et à l'engagement avec la communauté ecclésiale chrétienne d'attache.

5. Les écoles doctorales restent en contact avec le réseau de la communauté mondiale de l'enseignement universitaire.

À mesure que la formation théologique évangélique se développe et se diversifie, il existe un besoin accru de mutualisation, et de transversalité en recherche théologique. Les programmes de formation ne devraient pas uniquement dépendre des définitions des autorités laïques et gouvernementales, ils devraient aussi chercher à comprendre et à exprimer une compréhension chrétienne de la qualité et de l'excellence. Une réflexion théologique sérieuse est donc nécessaire pour s'assurer que la qualité est mesurée de manière à répondre à la fois aux besoins de la communauté universitaire et à ceux des Églises dans leur témoignage et leur service chrétien. Le processus doctoral de l'ICETE, qui a réuni des représentants de la communauté universitaire théologique mondiale et a conduit à la définition des standards de Beyrouth, constitue une étape importante dans cette démarche.

Les écoles doctorales dans la communauté universitaire universelle ont besoin d'apprendre les unes des autres dans leur développement de compréhensions nouvelles de ce en quoi constitue l'excellence dans la prestation de la formation doctorale. Dans le style d'enseignement et de supervision, il est en effet nécessaire de prendre en compte les réalités de la vie des chercheurs, avec leurs différences de style d'apprentissage, sans pour autant diminuer l'exigence pour le doctorat de demeurer le sommet de la réussite universitaire. Développer des partenariats entre les institutions théologiques du monde émergent et le reste du monde permettrait notamment la flexibilité d'accès aux meilleures ressources, en les mettant à la portée des programmes de doctorat du monde émergent et en apportant une prise de conscience et une dimension mondiales aux programmes occidentaux. Les partenariats développés devraient être fondés sur le respect et le soutien mutuels, avec un réel désir d'améliorer les programmes de doctorat locaux, sans imposer de modèles dominants provenant de contextes extérieurs. Les professeurs théologiques occidentaux peuvent tirer profit des bonnes pratiques du monde émergent.

Il existe un besoin de partenariat réellement global et non seulement bilatéral, ainsi qu'Andrew Walls l'observe :

> Notre contexte actuel nous appelle à développer des relations multilatérales à travers le monde, et la formation théologique a tout à gagner de l'interaction entre l'Afrique, l'Asie et l'Amérique latine. Il existe même de grandes similitudes dans les questions théologiques découlant des visions du monde de l'Afrique, des peuples tribaux de l'Inde, du Myanmar et de la Thaïlande, des peuples montagnards et forestiers des Amériques et des peuples insulaires du Pacifique, qui doivent être discutées dans un forum unique, et pas simplement en termes régionaux[13].

Cette conversation entre pays du monde émergent est une part essentielle et croissante de la conversation théologique globale, et garantit aux études de théologie de nourrir les contacts avec le réseau universitaire au sens large.

---

13. Walls, « World Christianity ».

6. Les programmes de doctorat devraient être pertinents pour leur propre contexte.

Chaque programme de doctorat se situe dans un **cadre culturel et éducatif local**.

Le contexte d'enseignement local

Il est important de considérer le contexte d'enseignement local de chaque école doctorale, que ce soit dans le monde émergent ou en Occident. Respecter les normes du gouvernement est crucial en termes d'accréditation ou de validation. À mesure que le processus de Bologne prend de l'ampleur, les organismes gouvernementaux du monde émergent se réfèrent de plus en plus aux critères de référence de Bologne et exigent des normes élevées avant que les programmes ne soient autorisés ou accrédités. D'autres visent différentes normes internationales d'accréditation. Les programmes de doctorat devraient donc refléter les normes et les attentes nationales et internationales.

Le contexte de l'Église locale

Les programmes de doctorat devraient tenir compte des besoins de la communauté ecclésiale en contribuant à la transformation de cette dernière. Ceux qui sont équipés pour participer à la mission de Dieu dans le monde devraient être préparés par un apprentissage à la fois ancré dans la culture et le contexte et être préparés à dialoguer avec ceux-ci. La formation théologique gagnerait à avoir des retombées qui fassent progresser tout le peuple de Dieu « en vue de la tâche missionnelle consistant à comprendre la vérité de Dieu et la communiquer avec pertinence dans tous les contextes culturels[14] ». Que ce soit dans les domaines de l'apprentissage, de la recherche ou de l'écriture, les étudiants devraient pouvoir mettre en œuvre une vision du monde centrée sur le Christ, afin que le savoir et la recherche soient fidèles à la mission de Dieu et répondent aux besoins de la région et du monde.

Tout programme de doctorat devrait être sensible au contexte culturel local. Des efforts devraient donc être déployés pour encourager la recherche sur des questions qui sont pertinentes à son contexte[15]. Faire de la théologie de façon

---

14. Mouvement de Lausanne, « L'Engagement du Cap », section II: F, 4.
15. Celles-ci varieront considérablement, mais dans les contextes où règnent la pauvreté, le matérialisme, la violence, le manque d'opportunités éducatives, la corruption, les conflits ethniques, l'hostilité inter-religieuse ou l'injustice, une recherche bien informée devrait être encouragée afin de former les Églises locales sur la façon d'y répondre.

contextuelle ne signifie pas que chaque projet particulier devienne une facette de la théologie pratique ; par exemple, on peut également reconnaître le besoin en compétences de haut niveau en hébreu, en grec, en exégèse biblique et en herméneutique, afin de former des professeurs qui peuvent enseigner à un niveau avancé dans ces domaines.

Afin d'aider les étudiants à choisir leurs sujets de recherche, il faut les encourager à se poser la question suivante : Qu'est-ce que ma recherche apporte de nouveau à la communauté scientifique ? Il convient en effet de les encourager à mener des recherches qui apportent de nouvelles connaissances, sans reproduire ce que d'autres font ici ou là, sur d'autres continents ou dans d'autres institutions. Une recherche qui est pertinente pour le contexte peut prendre plusieurs formes. C'est le contexte qui renseigne les étudiants sur les questions et les domaines qu'ils explorent. Même des sujets qui semblent purement bibliques et théologiques peuvent émerger en réponse à des problèmes contextuels. Les disciplines plus appliquées (telles que la théologie pratique ou les études interculturelles) peuvent donner des implications plus directes pour le contexte, mais dans toutes les disciplines, la pertinence contextuelle devrait compter à la fois dans la recherche entreprise, et dans la motivation qui l'aura inspirée.

La formation théologique gagne à être culturellement sensible et contemporaine, sans perdre son accent traditionnel sur les disciplines fondamentales des Études Bibliques, de la Théologie, de l'Histoire de l'Église, de la Théologie Systématique, de l'Éthique, de la Mission et de la Théologie Pastorale.

La recherche s'inscrit dans une discipline et ses exigences. Parmi ces exigences figurent l'interdisciplinarité qui permet d'examiner la complexité d'une question sous plusieurs angles. Ainsi le doctorant sera plus apte à confronter et relier son travail à celui d'autres chercheurs, afin d'élargir l'assise de sa recherche et d'en vérifier sa pertinence. De même, on peut apporter à la discipline fondamentale la richesse du contexte local en explorant des documents locaux de recherche de source primaire par exemple. Les expériences des communautés locales peuvent également servir d'outil d'interprétation, en offrant de nouvelles perspectives sur les documents bibliques, théologiques, missiologiques et historiques, d'une manière que les approches provenant uniquement de l'Occident ne peuvent pas offrir. Andrew Walls l'a souligné :

> L'Afrique, l'Asie et l'Amérique latine doivent d'abord devenir des centres de réflexion créative, des leaders mondiaux dans les études bibliques et théologiques. […] Dans l'intérêt de l'Église chrétienne

mondiale, l'Afrique, l'Asie et l'Amérique latine, qui sont le foyer de tant de chrétiens, doivent apporter leur véritable poids théologique[16].

7. Les écoles doctorales veillent à ce que les étudiants soient pleinement capables de s'engager dans le discours universitaire mondial.

Il est important que les écoles doctorales offrent aux étudiants l'accès aux recherches de pointe en cours, et à niveau international. Ils pourront ainsi étoffer leurs réseaux et s'appuyer sur un plus grand nombre de travaux pour consolider leur propre recherche. Ils ont besoin de pouvoir accéder à toute la littérature mondiale qui concerne leur objet de recherche et de pouvoir la trouver dans la bibliothèque et les ressources d'apprentissage électronique auxquelles ils ont accès.

- Il est particulièrement utile que les programmes de doctorat soient organisés de façon à permettre aux étudiants de faire un séjour à l'étranger dans une autre université et un autre laboratoire. Ces opportunités permettent un large accès à la bibliothèque et aux archives, ainsi qu'une plus riche exposition de la recherche à d'autres chercheurs et aux échanges universitaires dans le monde. Il faudrait encourager les doctorants du monde émergent et de l'Occident à exposer leur recherche en dehors de leur contexte immédiat.
- Les étudiants en doctorat devraient être encouragés par leur université à organiser des colloques de jeunes chercheurs, et par leur directeur de thèse à participer à des colloques internationaux.
- Les programmes de doctorat devraient présenter aux doctorants une large gamme de points de vue académiques provenant de chercheurs à la pointe de la recherche académique dans le monde. Pour faciliter cette démarche, des spécialistes universitaires internationaux peuvent être invités à prendre la parole lors de conférences, à donner des cours de séminaire, comme on peut également embaucher ces spécialistes comme deuxième directeur de thèse, relecteur de thèse ou comme examinateur externe.

---

16. Walls, « World Christianity », p. 238.

8. Les écoles doctorales garantissent l'intégration de la formation spirituelle dans la formation théorique.

Les programmes de doctorat ont pour vocation d'aider les étudiants à faire le lien entre la recherche et la formation spirituelle. Les doctorants sollicitent l'aide de Dieu dans tous les aspects de leur vie et de leur formation. Les programmes de doctorat produisent des érudits capables d'associer l'excellence académique et spirituelle, en travaillant au but ultime de la transformation de tout le peuple de Dieu, à l'instar du Christ et de sa mission dans le monde. Les programmes de doctorat forment des chercheurs fidèles à la Parole de Dieu et aux exigences de leur discipline, ainsi que des enseignants théologiques qui fassent preuve d'une spiritualité impactant le cœur, les mains et l'esprit.

La conception du programme de doctorat

Les programmes de doctorat devraient être construits de telle manière que soit évitée toute séparation entre la discipline universitaire et la vie réelle, qui caractérise bien souvent les études avancées.

La pratique de la recherche

Dans la recherche doctorale, les étudiants devraient démontrer activement les disciplines spirituelles de la vie chrétienne dans tous les aspects de leur travail. Cela se traduit par exemple par la bonne citation des sources utilisées. L'intégrité dans la gestion de la propriété intellectuelle et des arguments formés par d'autres fait partie d'un engagement chrétien envers l'honnêteté. Respecter les partenaires du dialogue universitaire est une manière d'aimer les disciplines voisines.

Tendre sans prétendre à l'excellence permet au chercheur de rester humble. La finitude de l'homme permet de cultiver la dépendance à Dieu duquel le chercheur comme tout un chacun attend le secours pour mener à bien son travail.

Le lien entre la formation spirituelle et la recherche peut être démontré dans la relation de supervision/mentorat. En effet, parmi les qualités d'un directeur de thèse en théologie figure l'opportunité de promouvoir l'excellence académique et son intégration de la formation spirituelle et à en être un exemple.

Les directeurs de thèse transmettent des valeurs telles que :
- L'honnêteté et la rigueur intellectuelle ;
- La promesse de respecter la vérité où qu'elle mène ;
- L'humble volonté de reconnaître les erreurs, les malentendus, les préjugés et les présuppositions, et le désir de les corriger ;

- L'engagement pour une recherche qui démontre l'éthique et la cohérence intellectuelle ;
- L'attachement à servir l'Église en utilisant leurs dons et en développant les dons des étudiants.

Enfin, la prière de l'apôtre Paul pour les Philippiens pourrait également être applicable à l'érudit chrétien :

> Et voici ce que je demande dans mes prières : c'est que votre amour augmente de plus en plus en connaissance et en pleine intelligence pour que vous puissiez discerner ce qui est essentiel. Ainsi vous serez purs et irréprochables pour le jour de Christ, remplis du fruit de justice qui vient par Jésus-Christ à la gloire et à la louange de Dieu. (Ph 1.9-11)

9. Les programmes de doctorat équipent les étudiants pour le ministère chrétien de leadership et d'enseignement.

Les programmes de doctorat devraient encourager l'intégration de la pensée, de l'apprentissage et de l'action. Ils devraient développer chez les étudiants des compétences propres à leur discipline universitaire, mais aussi l'art de l'autogestion, qui les prépare à une vie de recherche indépendante. Les compétences de haut niveau dans l'exercice du jugement critique sont essentielles pour le leadership universitaire. Lorsque les programmes sont conçus pour préparer les étudiants à l'enseignement et au leadership universitaire, ils devraient chercher à inclure dans leur structure une formation supplémentaire dans ces domaines.

Au cours des études doctorales, les étudiants développent des compétences clés du travail universitaire : la gestion de projet, la gestion du temps, la communication, la coopération, le travail d'équipe et l'administration.

Pour les chercheurs qui travailleront ensuite dans la formation théologique, des cours sur l'enseignement universitaire, l'administration et le leadership peuvent être intégrés au programme de doctorat. Ces cours sont particulièrement utiles lorsqu'ils comprennent des composants d'expérience pratique qui impliquent le travail avec des mentors expérimentés. L'un des aspects importants de la formation universitaire est de préparer les doctorants à déployer le savoir qu'ils ont acquis dans des contextes d'enseignement et de leadership.

L'école doctorale de la faculté offre au chercheur de développer des compétences personnelles qui lui permettront de devenir un professeur entreprenant capable de travailler collégialement avec d'autres comme de diriger des équipes de collaborateurs.

10. Les programmes de doctorat favorisent l'intégration des apprentissages.

Toute vérité appartient à Dieu et ne saurait être limitée par les frontières traditionnelles qui cloisonnent les disciplines universitaires entre elles. Tendre vers une pensée globale reflète la seigneurie du Christ dont la pensée intègre tous les domaines.

Les études doctorales favorisent la profondeur de la pensée et la rigueur intellectuelle, et encouragent aussi chez les étudiants la capacité à intégrer leurs apprentissages. Ils peuvent ainsi établir des liens de connectivité plus larges entre les disciplines, et intégrer la pointe de l'érudition à leurs propres recherches et la relier à leur propre contexte. Ils doivent pouvoir intégrer leurs résultats de recherche à ceux de la formation théologique servant à la préparation des futurs leaders chrétiens.

11. Les programmes de doctorat disposent de structures universitaires bien organisées.

Les programmes de doctorat réussis ont besoin de bien plus que de bons directeurs de thèse et de bons doctorants ; ils ont aussi besoin d'une structure universitaire qui les soutienne et qui fonctionne bien. Bienheureux sont les thésards admis au sein d'un établissement qui procède déjà à l'encadrement des recherches de doctorat, et qui soutienne et encourage l'esprit de la recherche doctorale.

Malheureusement, l'expérience des doctorants est parfois gâchée par des processus et des structures universitaires qui ne fonctionnent pas bien tels que : les négligences institutionnelles comme les retards dans la composition des jurys, les délais d'attente trop longs pour l'attribution des aides à la mobilité pour participer aux colloques, entre autres. Lorsque le processus et la structure universitaire n'améliorent pas l'expérience des doctorants, ils échouent à servir la communauté chrétienne au sens large et n'honorent pas Dieu. Les bonnes pratiques garantissent qu'une structure et des processus adéquats sont en place pour traiter rapidement les problèmes qui se posent.

L'excellence implique la mise en place de mesures efficaces pour maintenir des normes universitaires et améliorer la qualité des diplômes de recherche de troisième cycle, conçus pour respecter les standards nationaux et internationaux.

Ressources

La gestion d'une école doctorale requiert un certain nombre de ressources (les ressources humaines, les ressources de la bibliothèque, le soutien administratif, etc.) et ne devrait être entreprise que si ces ressources peuvent être maintenues à un haut niveau de qualité tout au long de la durée du programme. Les conditions requises pour ouvrir une école doctorale imposent donc à l'institution de garantir le plein accès à une solide bibliothèque avec les ressources générales et celles spécialisées dans les domaines dont les professeurs sont en capacité de diriger des thèses.

Structures et règlements

Afin de maintenir les normes universitaires et d'améliorer la qualité des doctorats, les établissements porteront une attention particulière au développement de dispositifs universitaires bien construits. Les programmes devraient obtenir une validation/accréditation appropriée, et devraient maintenir des relations avec des organismes externes, tels que les associations régionales de l'ICETE. Ils devraient pouvoir répondre à toutes les exigences de ces agences externes.

La conception et le succès des programmes de doctorat devraient être mesurés en fonction d'indicateurs et d'objectifs internes et externes adaptés.

Il faudrait produire pour chaque programme doctoral, des réglementations institutionnelles claires et facilement disponibles qui soient régulièrement communiquées aux étudiants et aux membres du corps professoral.

Les codes de pratique pour la gestion des programmes de doctorat devraient faire partie des règlements institutionnels. Ceux-ci devraient être mis à la disposition de tous les étudiants et des professeurs impliqués dans de tels programmes, et devraient être mis en œuvre de manière cohérente.

Richesse du corps enseignant

Il est indispensable de veiller à ce qu'il y ait un nombre adapté de professeurs qualifiés pour encadrer les thèses. Cela implique la mise à disposition d'un soutien administratif adapté.

Tout attaché temporaire d'enseignement et de recherche (ATER) appelé à donner un cours du programme doctoral doit être dûment qualifié et avoir suivi un parcours d'intégration et une formation complète quant à son rôle dans le programme. Les intervenants extérieurs doivent comprendre le contexte dans lequel ils sont invités à enseigner, ainsi que les objectifs spécifiques et l'éthique du programme auxquels ils contribuent, afin de les refléter dans leur enseignement et leur interaction avec les étudiants.

Les programmes de doctorat devraient toujours tendre vers l'excellence dans leur prestation, avec une évaluation régulière des procédures appropriées et une formation continue des professeurs. Les directeurs de programme de doctorat devraient constamment évaluer les meilleures façons d'apprendre, y compris les modèles non formels et non traditionnels, et élaborer des approches qui garantissent l'excellence académique des doctorats offerts. Cela implique la formation régulière des enseignants universitaires et la création d'une communauté permanente de praticiens érudits et réfléchis.

Logique et progression des compétences

Chaque élément d'un programme de doctorat devrait avoir une logique clairement développée et servir un objectif précis dans le développement des compétences pour l'étude doctorale. Quand on inclut, le cas échéant, dans le programme de doctorat des composants enseignés et des éléments non évalués, ceux-ci devraient être conçus de manière à consolider et améliorer les compétences requises dans la recherche doctorale.

Structures universitaires

Les institutions devraient créer et maintenir des structures universitaires claires et bien développées pour la gestion de l'école doctorale, comprenant un ou plusieurs comités compétents pour la surveillance du programme et la prise de décision. La composition de ce/s comité/s devrait être décidée par les instances appropriées. Les conditions de référence et les lignes de responsabilité devraient être clairement établies dans la structure organisationnelle. Les comptes rendus et les rapports seront à la disposition de l'administration de l'institution et des organismes externes de validation. Les décisions concernant la progression et la continuation des étudiants devraient être prises de manière collégiale et non confiées à une seule personne.

Il devrait y avoir de solides procédures de tenue de dossiers pour les programmes de doctorat. Elles devraient être adaptées à leur objectif, entretenues de façon lisible, régulièrement mises à jour et classées d'une manière qui garantisse leur bon archivage et leur conservation.

12. Les écoles doctorales développent des processus clairs pour la sélection et l'admission des étudiants en doctorat.

Lors de la rencontre de l'ICETE à Beyrouth, beaucoup de discussions ont porté sur le profil des candidats à admettre en doctorat de théologie évangélique. Il a été décidé que les seuls critères universitaires ne suffisaient pas. Le doctorat est une formation essentielle pour les rôles de leadership chrétien, et au moment de l'admission, il faut donc accorder une attention particulière à la réputation chrétienne du candidat et aux preuves de sa maturité spirituelle. Le préambule des standards de Beyrouth exprime bien cette idée :

> Ceux qui seront acceptés aux programmes doctoraux dans les établissements d'enseignement chrétiens devraient être membres d'une Église, loués pour leur qualité de disciple et pour la maturité de leur leadership et leur engagement envers le service transformationnel à la fois dans l'Église et dans la société.

Critères d'admission universitaire

L'école doctorale s'assure que ne soient admis que des étudiants qui ont fait preuve, dans leurs études précédentes, des compétences requises pour réussir au niveau du doctorat. Il ne serait pas juste pour les étudiants de leur permettre de s'engager dans une recherche doctorale s'ils ont peu de chances de réussir. Ce ne serait pas non plus faire preuve d'une bonne gestion des ressources financières et universitaires.

Les compétences requises pour réussir au niveau du doctorat seront normalement démontrées par un haut niveau de réussite dans un programme de master reconnu et validé et dans un domaine lié au champ de recherche visé.

Les étudiants acceptés en doctorat devraient également avoir fait preuve de leur aptitude à manier les concepts liés à leur spécialité et à étudier de façon autonome.

- Les programmes de doctorat peuvent exiger que les candidats fassent preuve de compétences supplémentaires adaptées à la nature du programme, telles que la connaissance de langues bibliques et une pratique élevée de la/les langue/s dans laquelle/lesquelles le programme est entrepris et de la/les langue/s dans laquelle/lesquelles leurs sources sont rédigées.
- Dans les pays où cela s'applique, en raison de la combinaison entre les compétences universitaires et professionnelles dans les programmes

de doctorat professionnel, les candidats doivent démontrer avant l'admission qu'ils ont une compétence professionnelle, au moyen d'une période déterminée de ministère après l'achèvement de leur plus récent diplôme théologique[17]. L'expérience du ministère dans l'ensemble de la vie peut être prise en compte pour réduire cette période minimale.
- Normalement, les programmes de doctorat prévoient que les étudiants servent durant une période probatoire (habituellement au moins un an), au terme de laquelle la poursuite au sein du programme est confirmée ou refusée. Lorsque la progression est refusée, un diplôme inférieur peut être attribué, en reconnaissance des travaux entrepris.

Politique et procédure d'admission

Les conditions à remplir pour être admissible doivent être claires, tant pour les candidats que pour les professeurs, et la prise de décision devrait être transparente.
- La politique d'admission de l'institution devrait être accessible au public, claire, systématiquement appliquée et devrait garantir l'équité des chances.
- Les décisions d'admission devraient impliquer au moins deux membres du corps enseignant de l'établissement, lesquels devraient avoir reçu la formation, l'orientation et les conseils nécessaires concernant les procédures de sélection et d'admission. Cela permet en effet d'éviter tout soupçon qu'un candidat aurait injustement bénéficié d'un avantage ou aurait été injustement refusé. Un processus de prise de décision clairement défini pour le traitement des candidatures permet à l'institution de s'assurer que les politiques d'admission sont appliquées de façon juste et équitable, et que les normes les plus élevées sont maintenues.
- Il est important de fournir aux candidats une information pertinente à chaque étape du processus d'admission et de leur communiquer les décisions clairement et rapidement.

Candidature à la thèse du programme doctoral
- Les étudiants doivent pouvoir progresser dans les différents stades requis d'un programme de doctorat grâce à un processus correctement

---

17. Normalement, cela représente au moins trois ans d'expérience.

établi. Il faut créer des mécanismes de contrôle adaptés et réguliers, et établir clairement les repères sur lesquels les décisions de progression doivent se fonder. La thèse de doctorat exige la démonstration du plus haut niveau de compétences. Les étudiants ne devraient être admis à se porter candidats à la thèse qu'après avoir reçu une formation aux méthodes de recherche et avoir produit un essai, fondé sur la recherche, d'au moins 10 000 mots[18].

13. Les écoles doctorales disposent de ressources pour la recherche et l'étude qui sont adaptées au niveau d'étude.

Les ressources d'un programme de doctorat comprennent : la bibliothèque (livres en version papier et en version électronique, e-ressources), les systèmes informatiques et les salles d'études, ainsi que les box individuels de lecture.

La bibliothèque est au cœur des installations universitaires indispensables pour un programme doctoral ; il est donc nécessaire de disposer des ressources nécessaires. Pour faciliter l'acquisition des ressources, les cadres supérieurs du personnel de la bibliothèque devraient être consultés concernant le commencement et la gestion d'un programme de doctorat.

Dans une institution qui dirige ou démarre un programme doctoral, le patrimoine de la bibliothèque devrait être d'une taille et d'une qualité adaptées aux besoins du programme et inclure du matériel universitaire de haut niveau, aussi bien dans la langue d'enseignement que dans d'autres langues. Si un établissement qui propose un programme doctoral faisant partie d'une institution plus large disposant d'amples ressources de bibliothèque, ou garantissant aux étudiants un accès libre à de larges ressources locales, on peut envisager un investissement de moindre ampleur, mais il faut cependant assurer en tout temps un accès de haute qualité à la bibliothèque. Lorsque les établissements acceptent des candidats qui étudient « à distance », à temps plein ou partiel, par le biais de modules d'apprentissage distribués par courrier ou en ligne, ils doivent s'assurer que les étudiants admis aient ample accès, tout au long de leur recherche, aux ressources de la bibliothèque, ainsi qu'à toutes les autres ressources d'apprentissage nécessaires, en nombre et en niveau, à un programme doctoral. On ne peut pas mesurer la pertinence des fonds de la bibliothèque par la seule

---

18. De tels projets fondés sur la recherche comprennent, par exemple, une thèse de troisième cycle ou une proposition de thèse étendue. Ce travail doit démontrer que les candidats ont les compétences nécessaires pour réussir au niveau du doctorat.

quantité des livres qu'elle propose. Les documents mis à disposition devraient inclure des publications à la pointe du discours universitaire contemporain, ainsi que des publications de recherche éminentes dans les domaines où l'encadrement du doctorat est offert.

Plan de financement de la bibliothèque

L'établissement d'une bibliothèque de haute qualité nécessite des investissements stratégiques à long terme. Si le financement de la bibliothèque est réduit pour une période, aussi courte soit-elle, cela peut prendre plusieurs années pour rétablir le niveau précédent de la collection. Au regard de la position stratégique d'une bibliothèque dans la création d'un environnement d'apprentissage et de recherche, réduire son financement est une fausse économie. Pour éviter cela, les institutions proposant des programmes de doctorat devraient réserver un montant minimum du revenu opérationnel annuel de l'établissement pour pouvoir faire des acquisitions pour la bibliothèque et pour améliorer les ressources d'apprentissage en ligne. Ces sommes doivent être clairement approuvées en amont[19]. La direction de l'institution devrait établir un chiffre convenu pour toute acquisition supplémentaire dans chaque domaine spécifique de l'étude doctorale[20].

Taille et qualité de la collection de la bibliothèque

Afin de fournir aux chercheurs une base de recherche adéquate, la création d'une bibliothèque suffisamment fournie en nombre de volumes et en portée pour soutenir la recherche de haut niveau est essentiel[21]. Le fonds de la bibliothèque devrait être complété par des titres disponibles en format électronique, avec un accès rapide et facile pour les étudiants. Ces livres électroniques accessibles en permanence peuvent ainsi être inclus dans le total des titres considérés comme adaptés à un programme de doctorat. En outre, les abonnements des chercheurs à des revues universitaires de pointe recensées par des confrères, devraient être maintenus dans les domaines où les titres doctoraux sont proposés par

---

19. Le minimum est de 5 % du revenu opérationnel annuel de l'établissement. Le calcul du revenu devrait inclure tout don de salaires effectué par des professeurs expatriés.
20. Les lignes directrices de l'ACTEA sur le programme de doctorat suggèrent un minimum de USD $ 1 000 par an pour les acquisitions dans chaque domaine d'études spécifique.
21. Pour une institution qui fournit un programme de doctorat, la bibliothèque devrait contenir au moins 40 000 titres, comprenant des documents axés sur la recherche et actualisés. Lorsque les établissements ont une collection plus petite, 25 000 titres sont considérés comme un minimum initial, mais dans les cinq ans qui suivent le démarrage du programme doctoral, le total de 40 000 titres devrait être atteint.

l'établissement, afin de permettre aux étudiants de démontrer en quoi leur propre recherche compléterait celles entreprises par d'autres chercheurs[22]. Ces abonnements peuvent inclure des revues disponibles sur des bases de données en ligne, et dès lors qu'ils sont établis, il est évidemment important de les maintenir.

La quantité ne devrait pas être recherchée au détriment d'une qualité constante[23]. Toute publication ou livre n'étant pas à un niveau universitaire approprié devrait être évité lors des acquisitions. Un fonds de bibliothèque destiné aux chercheurs fait preuve à la fois d'étendue et de richesse dans les références proposées, en adéquation avec les niveaux universitaires, les orientations théologiques et les sujets couverts[24]. Pour s'assurer que la recherche est en rapport avec le contexte, une attention particulière devrait être accordée à l'acquisition de documents qui reflètent aussi bien la situation géographique et culturelle de l'établissement que les matières enseignées dans l'établissement. La collection d'ouvrages et de périodiques de la bibliothèque devrait refléter, à l'identique, une ampleur générale dans les sujets abordés et une densité de références spécifiques à chaque matière.

Droits d'emprunt et de prêt

Pour aider les doctorants dans leurs recherches, on devrait leur faciliter les droits d'emprunt de documents écrits et de livres grâce aux prêts entre bibliothèques. Même dans de grandes institutions, une seule bibliothèque est rarement assez riche pour répondre aux besoins des doctorants dans toute la variété des domaines relevant de leur recherche. De ce fait, les bibliothèques devraient s'assurer que les doctorants et les professeurs actifs dans la recherche aient également accès à la gamme des ressources d'étude disponibles aussi bien dans les bibliothèques universitaires locales, régionales et nationales que dans les établissements de haut niveau en formation théologique et autres disciplines. Dans la mesure du possible, les droits d'emprunt auprès de ces bibliothèques devraient être garantis.

---

22. Les doctorants devraient avoir accès à au moins 100 revues de diverses disciplines théologiques.
23. Les titres non pertinents devraient être retirés du fonds de la bibliothèque et ne devraient pas être inclus dans le nombre initial de 40 000 volumes dans la bibliothèque.
24. La bibliothèque devrait contenir au moins 2 000 volumes spécifiques à chaque domaine de doctorat proposé par l'institution, y compris une quantité substantielle des principaux titres universitaires, des documents de référence et des périodiques (ainsi que les collections des anciens numéros dans ce domaine).

Il est important que les bibliothèques d'institutions théologiques facilitent les prêts entre bibliothèques aux étudiants. Elles devraient également mettre à disposition sur place l'accès Internet aux collections clés conservées ailleurs. Lorsque ces arrangements pour compléter les exploitations sur site ne sont pas disponibles, les bibliothèques devraient considérablement augmenter la taille de leur collection de livres et de revues dans leur/s domaine/s de spécialisation.

Autres questions clés
  a) Outre répondre aux besoins immédiats des chercheurs, une bibliothèque devrait servir de base de ressources où la recherche peut être menée sur des sujets spécifiques particulièrement pertinents pour le contexte local. Les bibliothèques gagneraient à établir et entretenir des collections d'archives et de documents primaires appropriés, sur la base desquels de telles recherches peuvent être menées. Un certain nombre d'institutions évangéliques constituent actuellement un fonds de ressources dédiées à leurs régions respectives.
  b) Pour faciliter l'accès des chercheurs au fonds constitué, un personnel compétent est essentiel afin d'assurer un fonctionnement et un entretien adaptés et efficaces à la bibliothèque. Le personnel de la bibliothèque devrait être composé de personnes disposant de qualifications appropriées au poste de documentaliste et d'une connaissance des disciplines théologiques.
  c) Afin de profiter pleinement des ressources disponibles, les étudiants devraient recevoir une initiation appropriée et une formation régulièrement mise à jour sur l'utilisation des ressources physiques et électroniques de la bibliothèque. Il faudrait les informer de manière pertinente sur la santé, la sécurité et la législation, ainsi que sur des questions telles que le stockage, l'utilisation de l'information et le droit d'auteur.
  d) Les documents devraient être catalogués à l'aide d'un système internationalement reconnu, et les bibliothèques devraient mettre les catalogues à disposition sous format électronique.
  e) Les bibliothèques devraient s'assurer qu'elles maintiennent des heures de fonctionnement propices aux heures de travail des étudiants en recherche.
  f) Les installations et les procédures de bibliothèque devraient être adaptées pour préserver le fonds des risques inhérents au climat et aux insectes environnementaux.

g) Étant donné l'envergure de la recherche entreprise par les doctorants, en termes de durée et de taille, l'environnement physique dans lequel les étudiants œuvrent devrait favoriser l'étude de haut niveau. Créer un espace d'étude dédié aux étudiants, avec un endroit sûr pour stocker leur matériel de recherche, à l'intérieur ou à proximité de la bibliothèque, améliore grandement l'expérience des chercheurs.

Ressources en technologie de l'information

Compte tenu du nombre croissant de ressources qui ne sont disponibles que par voie électronique, les bibliothèques doivent assurer un accès de qualité aux documents électroniques disponibles sur Internet, à des niveaux appropriés à l'étude intensive fondée sur la recherche. Les doctorants devraient pouvoir accéder à des équipements informatiques et à une connexion Internet haut débit stable facilitant les courriels, les recherches sur Internet, l'accès électronique aux bases de données et aux revues électroniques, aux ouvrages numérisés, tout comme ils devraient pouvoir bénéficier d'outils permettant de télécharger des documents de recherche. Les chercheurs devraient être formés à l'utilisation des ressources disponibles, et un accès Internet de haute qualité et libre d'usage devrait être mis à leur disposition.

Il convient d'ajouter aux technologies de l'information de pointe, des installations modernes pour la photocopie et la numérisation du matériel de recherche, afin de permettre aux étudiants d'accéder facilement à un large éventail de documents et de le stocker sous une forme récupérable pour une utilisation future.

14. Les écoles doctorales devraient avoir un processus administratif et financier performant.

Les doctorants peuvent être confrontés à l'angoisse lorsque les processus financiers ne fonctionnent pas bien, lorsqu'il y a des incertitudes concernant les frais d'admission, ou des retards dans l'octroi des bourses ou des parrainages promis pour leurs études. Les difficultés de transmission des ressources financières peuvent compromettre l'efficacité de la supervision et de l'administration, ralentir considérablement la progression de la recherche des étudiants et distraire les chercheurs de leur étude. C'est pourquoi il est fondamental que les programmes de doctorat disposent d'un processus administratif et financier qui fonctionne bien. Nous devrions en effet tendre vers l'excellence à tous les niveaux et dans toutes les dimensions de l'institution.

Honoraires

- Les frais d'études doctorales devraient être annoncés et publiés tous les ans avec un relevé de toutes les autres contributions et cotisations que les étudiants sont tenus de payer.
- Les frais d'étudiant devraient être régulièrement réexaminés, afin de s'assurer qu'ils sont en corrélation tant avec les besoins financiers de l'établissement qu'avec les capacités financières des étudiants et des personnes ou organismes qui les soutiennent. Cependant, dès lors que les étudiants sont admis, l'institution veille à ce que le niveau des frais annuels et autres cotisations ne soit pas soumis à des augmentations inattendues qui rendraient impossible l'achèvement de leur cursus.

Aide financière aux étudiants

- Beaucoup d'étudiants ont du mal à financer le coût élevé des études doctorales sur une longue période. Dans la mesure du possible, il faudrait s'efforcer de fournir des bourses ou autres formes d'aide financière pour ceux disposant des qualifications universitaires requises pour préparer un doctorat, mais qui ne peuvent l'entreprendre en raison d'un désavantage financier.
- Les programmes d'aide à la bourse devraient être administrés conformément à des procédures écrites. Les décisions ne devraient pas reposer entre les mains d'une seule personne mais devraient plutôt être prises sur la base d'une consultation de groupe. Les comptes rendus officiels des discussions tenues et des mesures prises devraient être conservés afin de garantir la transparence dans la chaîne de responsabilité.
- Tous les étudiants admissibles devraient pouvoir postuler aux bourses d'études lorsque celles-ci deviennent disponibles. De même, il faudrait médiatiser gratuitement toutes les possibilités de bourses offertes par des organismes externes.

15. Le parcours doctoral comprend une phase d'initiation et des formations appropriées.

Pour les étudiants, la transition entre l'étude en classe, assortie de contrôle continu, et le travail de recherche en doctorat peut être très difficile. Certains sont peu autonomes dans l'apprentissage. Pour permettre aux doctorants de réussir leur projet de recherche, il est vital de leur fournir un soutien et des conseils académiques appropriés, au début mais aussi tout au long de leur temps de recherche.

Au début du doctorat, le thésard tirera bon profit d'un parcours d'initiation, reflétant les besoins spécifiques des doctorants et fournissant des informations appropriées sur l'institution, ses programmes, ses codes de conduite, les responsabilités des élèves, les installations disponibles, les questions de santé et de sécurité. L'information clé est présentée sous la forme d'un « guide du doctorant » ou « guide de rédaction de la thèse » par l'école doctorale. Après cette initiation de base, d'autres possibilités de formation au travail de recherche devraient être fournies à intervalles réguliers pendant toute la durée du programme de doctorat, afin de développer progressivement des compétences professionnelles de recherche. Cette formation sur les compétences de recherche devrait couvrir des sujets tels que :

a) Comprendre les procédés de production des connaissances au niveau du doctorat ;
b) Développer des compétences en méthodologie de la recherche, en épistémologie, et en réflexion de méta-niveau ;
c) Développer des compétences analytiques et synthétiques ; formuler des questions de recherche ;
d) Développer des compétences en expression écrite, pour le cadre universitaire et au-delà de celui-ci ;
e) L'éthique et les approches de la recherche quand le sujet concerne des êtres humains ;
f) La compréhension chrétienne de la recherche et de la formation doctorale, y compris le rôle de la recherche au sein du royaume de Dieu ;
g) La présentation orale et les compétences du discours :
   - présenter les documents de recherche,
   - discuter des résultats des recherches d'autrui.
h) Les compétences en technologies de l'information et des communications (TIC) ;
i) Les compétences en recherche bibliographique ;
j) L'utilisation de ressources électroniques et de documents disponibles en ligne ;
k) La planification de projet et la gestion du temps ;
l) La tenue et la gestion des registres.

D'autres compétences pour le développement professionnel et le leadership dans la formation théologique doivent également être enseignées, incluant :
   a) La participation à des séminaires, à des ateliers et à des conférences universitaires ;
   b) La préparation à la soutenance ;
   c) Le développement personnel et professionnel et la planification de l'emploi futur ;
   d) L'utilisation du titre de docteur après l'obtention du diplôme de doctorat. Cela devrait inclure :
      - les compétences de l'enseignant et du conférencier (pédagogie et andragogie),
      - l'administration universitaire,
      - la vie après le doctorat – la recherche au quotidien, l'écriture, l'intégration de la recherche en continu au service du royaume de Dieu,
      - l'érudition comme vocation permanente,
      - l'enseignement théologique et la mission,
      - l'écriture en vue de la publication.

16. Seuls les directeurs de thèse qui sont bien qualifiés et bien formés devraient être nommés.

La direction de thèse dans les institutions théologiques évangéliques est une fonction de mentorat cruciale. C'est un rôle en premier lieu académique, mais qui comporte aussi certains aspects de dimension pastorale, bien que ceux-ci ne doivent pas entraver les responsabilités académiques premières. Pour ce faire, les directeurs de thèse devraient être des enseignants avérés, posséder une HDR ou autre qualification équivalente pour diriger des recherches, et être des leaders chrétiens matures. Ils devraient être des modèles d'érudition chrétienne pieuse, et être engagés envers la formation tant académique que spirituelle de ceux qu'ils encadrent.

Les directeurs de thèse

- Les directeurs de thèse devraient être bien réputés dans la communauté universitaire chrétienne et dans l'Église locale.
- Ils devraient être capables de fournir un soutien académique et de démontrer une sensibilité pastorale adaptée aux besoins de l'étudiant.

Lorsque l'institution l'exige, ils seront prêts à signer sa déclaration de foi ou de base confessionnelle.
- Ils démontrent leur capacité à intégrer l'excellence académique et spirituelle.
- Ils sont qualifiés dans leur domaine et possèdent l'expérience, les compétences et les connaissances requises pour soutenir, former et suivre les étudiants en recherche qui leur sont assignés.
- Les directeurs de thèse ont besoin d'occasions régulières de perfectionnement dans l'enseignement et la formation.
- L'activité de recherche se nourrit d'une bonne supervision académique. Par conséquent, les superviseurs de recherche devraient maintenir leur valeur académique à un niveau de recherche doctorale, dans le cadre de leur activité de développement professoral.
- Pour éviter toute confusion quant aux attentes fondées sur la relation de supervision, les institutions veillent à ce que les responsabilités des directeurs de thèse soient clairement communiquées à ces derniers et aux étudiants par des directives écrites.
- Le directeur de thèse doit être docteur et avoir soutenu son HDR ou posséder une qualification équivalente pour diriger des recherches. Il devrait avoir obtenu avec mérite un titre de doctorat dans le domaine visé par le doctorant, avoir acquis de l'expérience dans la supervision de recherches doctorales indépendantes et avoir préalablement enseigné pendant plusieurs années. Un directeur de thèse fait preuve d'expertise universitaire dans des domaines correspondant étroitement à la recherche du doctorant, et ces preuves seront mesurées en termes de publications récentes et d'activité de recherche. Dans l'idéal, les facultés devraient avoir dans leur corps enseignant des directeurs de thèse qui ont obtenu leur doctorat dans diverses institutions universitaires.
- La relation entre l'étudiant et son directeur de thèse est essentielle pour le succès de l'étudiant. Après consultation avec l'étudiant et le directeur prévu, la décision d'attribution d'un directeur à l'étudiant devrait être ratifiée par l'institution. Les institutions doivent souligner l'intérêt pour le doctorant d'identifier le directeur de thèse susceptible de convenir à sa thèse dans les plus brefs délais.

Les équipes de supervision

Dans les pays où la direction de thèses relève d'une équipe de supervision, les principes suivants peuvent s'appliquer :

- Chaque doctorant est encadré par au moins un directeur de thèse principal pour la rédaction de sa thèse. Ce dernier pourrait faire partie d'une équipe de supervision composée de co-directeurs de thèse. L'étudiant a ainsi accès à la meilleure gamme d'expertise, et si un membre de l'équipe est en congé ou dans l'incapacité de fournir un soutien pour une période de temps, les co-directeurs suppléants sont là pour prendre la relève. Il doit y avoir en permanence un contact disponible et clairement identifié au sein de l'équipe de supervision pour l'étudiant. Le plus souvent, le directeur de thèse principal est un membre du corps enseignant de l'établissement où le programme de doctorat est dispensé.
- Lorsqu'un sujet de thèse est clairement interdisciplinaire, les institutions constituent une équipe de supervision composée de personnes qui ont les spécialisations requises dans les différentes disciplines du sujet de recherche.
- Les équipes de supervision peuvent inclure des superviseurs auxiliaires qui ne sont pas titulaires d'un doctorat. Ces personnes sont des enseignants expérimentés au niveau postuniversitaire, avec des compétences académiques spécifiques à la matière. Leur rôle est de soutenir le travail du directeur de thèse.
- Les équipes de supervision peuvent également inclure des membres d'autres établissements d'enseignement supérieur. Dans ce cas, ces personnes devraient être titulaires de qualifications académiques appropriées et de réalisations récentes dans la recherche, comme elles devraient également être d'accord avec les objectifs et l'éthique de l'institution où le programme de doctorat est offert.

L'encadrement des thèses

Les détails des relations de supervision sont une question de négociation individuelle entre le directeur de thèse et l'étudiant, mais les programmes de doctorat devraient avoir des lignes directrices appropriées qui établissent la fréquence normale des sessions de supervision et la durée prévue d'une session.

Cela évite les malentendus concernant le niveau de soutien disponible et favorise des attentes réalistes[25].

Comptes rendus de la part des directeurs de thèse

Il peut arriver que les doctorants soient frustrés et anxieux parce qu'ils peinent à mesurer leur degré d'avancement dans leur travail. Pour les aider à se situer, le suivi d'un journal de recherche, rédigé par le thésard peut s'avérer d'une grande aide. L'institution gagne à mettre un tel procédé en place, en fixant les étapes clefs de la recherche et en proposant un échéancier prévisionnel allant au-delà de la soutenance jusqu'à la valorisation de la thèse. Cela garantit l'établissement d'attentes réalistes et de normes appropriées, engageant à la fois les directeurs de thèse et les étudiants. Des conseils devraient être fournis aux étudiants, aux directeurs de thèse et aux autres personnes impliquées dans le suivi des progrès et le processus d'évaluation régulier. Il est important de faire des comptes rendu des réunions et des revues de la progression du travail.

- Les progrès des doctorants gagnent à être suivis de façon formelle au moins une fois tous les six mois, et une fois par an pour les étudiants à temps partiel. La nature du suivi mérite aussi d'être un moyen pour les étudiants de donner leur avis sur la qualité de la supervision qu'ils ont reçue.
- La nature de chaque étape de suivi et ses exigences devraient être communiquées par les institutions aux étudiants, aux directeurs de thèse et aux autres personnes impliquées dans le suivi de la progression de la thèse, par écrit et à l'avance.
- Les institutions formant des docteurs en théologie gagneraient à mettre en place des procédures officielles pour traiter adéquatement les commentaires des étudiants sur la supervision, qu'ils soient exprimés de façon formelle ou informelle. Ces processus incluent les procédures de traitement des plaintes. Pour les différends qui ne trouvent pas de solution, il faudrait prévoir un appel final à une tierce partie neutre, extérieure à l'institution, et qui comprenne le processus universitaire.

---

25. Normalement, les étudiants à plein temps s'attendent à voir leurs directeurs de thèse au moins une fois tous les deux mois, et les étudiants à temps partiel trois fois par an. Lorsque la distance est un facteur à prendre en compte, divers formats tels que la vidéoconférence, Skype, etc., peuvent être utilisés en complément des rencontres face à face.

Le développement professionnel des directeurs de thèse

De nombreux directeurs de thèse sont invités à assumer leur rôle sans avoir reçu au préalable une formation ou une préparation formelle à l'encadrement de doctorants. Pour une bonne supervision des thèses en cours, la mise en place de dispositions propices à la formation des directeurs de thèse est nécessaire. Les professeurs chargés de diriger les thèses sont eux-mêmes des chercheurs qui, en tant que tel, continuent de mener des recherches, de publier des articles dans les revues scientifiques, d'écrire des livres et de participer à des colloques où ils communiquent ou apportent des conférences majeures. Des preuves de leur contribution académique devraient être fournies : publications de documents en lien avec leur domaine (livres, essais et articles de revues universitaires par exemple) et participation et présentation d'articles lors de conférences universitaires. Pour tous ceux qui sont chargés de cours, ce n'est pas facile. Le maintien de ce courant d'activités universitaires devrait être soutenu par l'octroi de jours dédiés à l'étude et de périodes de congé sabbatique, libres de tout enseignement ou toute tâche administrative.

17. *La formation doctorale ne devrait être proposée que dans les institutions où une culture de recherche et un environnement de soutien institutionnel existent.*

La tâche de former des docteurs ne devrait être confiée qu'à des institutions où une culture de recherche a été établie et où la recherche est encouragée. C'est là le contexte adéquat pour un apprentissage fondé sur la recherche.

- L'institution valorise la production d'idées, la créativité, l'activité de recherche et les publications. Les directeurs de recherches devraient avoir des occasions régulières de se livrer à des recherches. Il faut que les doctorants aient des opportunités de participer à des débats universitaires à un niveau de pairs.

Une culture institutionnelle de recherche de cette envergure comprend normalement des installations telles que :

- La mise à disposition d'une initiation et d'une orientation formelles pour les étudiants qui entament des programmes doctoraux, suivies d'une formation continue sur les méthodes et les compétences de recherche, reconnaissant que la formation au doctorat et aux compétences de recherche font partie d'un processus éducatif.

- Des séminaires réguliers lors desquels les étudiants peuvent présenter un travail et entendre les présentations des chercheurs invités et des confrères, ou, à défaut, des installations permettant de participer en ligne à ces rassemblements[26].
- Les facultés gagnent à tisser des liens entre les chercheurs au niveau international et à intégrer les doctorants dans ces réseaux en participant avec eux aux colloques de leurs disciplines ou objet de recherche.

18. Les écoles doctorales informent les étudiants sur la structure du programme de doctorat pour mieux informer leurs attentes.

Lorsque les étudiants entament leur doctorat, ils doivent savoir à quoi s'attendre en termes de temps et de durée. Le temps nécessaire à l'étude doit être réaliste, surtout s'ils étudient à temps partiel tout en étant engagés dans une autre forme de ministère, ou lorsque la recherche est combinée avec la pratique du ministère, comme dans le cadre du doctorat professionnel (dans les pays où ces doctorats existent). Les étudiants devraient également connaître le volume du travail écrit que l'on attend d'eux et la forme dans laquelle ce travail devrait être livré.

Les établissements doivent spécifier les durées maximales pour les doctorats à plein temps et à temps partiel[27]. La durée minimale normale pour un doctorat est de trois ans d'études à temps plein. La durée minimale normale pour un doctorat à temps partiel est de six ans[28].

---

26. Certaines institutions ont organisé avec succès des colloques de recherche pendant une semaine, au cours desquels les étudiants présentent des travaux, et des directeurs de thèse et des invités universitaires sont appelés à participer.
27. Pour les programmes de doctorat qui incluent une phase initiale de cours et d'examens (comme les devoirs et les examens complets), la période d'inscription maximale normale pour l'ensemble du programme sera de huit ans pour l'étude à temps plein et de dix ans pour l'étude à temps partiel. Pour les programmes de doctorat qui sont entièrement évalués par une thèse, l'inscription maximale normale est de cinq ans pour un programme à temps plein et de neuf ans pour un programme à temps partiel.
28. Une année d'études à temps plein dans un programme de recherche doctorale est normalement calculée à raison de 1 500 à 1 800 heures d'étude. L'étude à temps partiel est calculée sur une base proportionnelle équivalente. Beaucoup d'étudiants à temps partiel combinent leurs études avec d'autres travaux de ministère, mais ils doivent s'assurer qu'ils auront suffisamment de temps à consacrer régulièrement à leurs études tout au long de l'année. L'institution d'étude doit également s'assurer que cette disposition a été solidement établie, et les étudiants doivent s'assurer que les

La thèse

Dans sa thèse, l'étudiant manifeste son aptitude à analyser et tirer de nouvelles connaissances des sources qu'il mobilise tout au long sa recherche. Il sait formuler une problématique pertinente, un objectif ou des hypothèses à vérifier et construire une méthodologie solide pour établir avec solidité les résultats auxquels il parvient.

L'étudiant manifeste aussi sa rigueur scientifique en respectant les normes formelles de présentation des travaux scientifiques, en particulier : les références bibliographiques, la logique et l'équilibre du plan, l'orthographe, etc.

La thèse étant l'un des principaux éléments du doctorat, les institutions quantifient le seuil et le plafond de mots requis pour sa rédaction. Ces limites sont clairement communiquées aux étudiants dans les règlements et les directives écrites[29].

Les normes de présentation de la thèse sont communiquées aux étudiants dans un guide de présentation de la thèse au tout début de leur programme de doctorat. Ce guide devrait comprendre, entre autres, des conseils sur la langue – ou les langues – pouvant être utilisée/s lors de la soutenance de thèse et préciser si des traductions de certains éléments en d'autres langues peuvent être incluses.

---

indemnités de temps requises pour l'étude sont convenues avec leurs employeurs. Les doctorats peuvent être achevés avec succès à temps partiel, mais ce n'est pas le cas à « temps libre ». Un programme de doctorat professionnel impliquera habituellement au moins 2 700 heures d'études formelles pendant toute sa durée, en plus de la pratique professionnelle en cours.

29. Le nombre normal de mots lors de la rédaction d'une thèse de doctorat devrait être compris entre 75 000 et 100 000 mots (ou l'équivalent en nombre de pages dans le format spécifié). Les règlements et directives du programme doivent préciser si ce total comprend les notes de bas de page, la bibliographie et les annexes.

Le nombre normal de mots lors de la rédaction d'une thèse de doctorat professionnel devrait être compris entre 50 000 et 75 000 mots (ou l'équivalent en nombre de pages dans le format spécifié). Avec les tâches requises dans les éléments enseignés d'un doctorat professionnel, le nombre global de mots (ou pages équivalentes) qu'un étudiant doit soumettre pour l'évaluation dans le programme d'un programme de doctorat professionnel sera similaire à celui d'un programme de doctorat de recherche universitaire. Les règlements et directives du programme doivent stipuler si ce total comprend les notes de bas de page, la bibliographie et les annexes.

19. Les institutions théologiques ont des codes d'éthique bien établis.

Faire preuve d'excellence dans le domaine de l'éthique universitaire et de la recherche fait partie de notre vocation chrétienne à tendre vers l'excellence dans tous les aspects de la vie. Des normes élevées d'éthique universitaire et d'éthique de recherche sont essentielles au maintien des normes académiques mondiales. Ainsi le stipule la Déclaration de Singapour de 2010 sur l'intégrité en recherche :

> Quelle que soit la manière dont la recherche est menée et organisée selon les disciplines et les pays, il existe des principes communs et des obligations professionnelles similaires qui constituent le fondement de l'intégrité en recherche où qu'elle soit menée[30].

Des déclarations similaires sur l'éthique de la recherche existent dans le code de conduite européen pour l'intégrité de la recherche de 2011[31].

La Déclaration de Singapour énonce quatorze principes clés de l'intégrité dans la recherche[32]:

1. *L'intégrité* : Les chercheurs sont responsables de la fiabilité de leur recherche.
2. *Respect des règles* : Les chercheurs doivent se tenir informés des textes législatifs et réglementaires et les respecter.
3. *Méthodologie* : Les chercheurs doivent utiliser des méthodes appropriées, fonder leurs conclusions sur une analyse critique de leurs résultats et les communiquer objectivement et manière complète.
4. *Conservation des données :* Les chercheurs doivent conserver les données brutes de manière transparente et précise de façon à permettre la vérification et la réplication de leurs travaux.

---

30. La « Déclaration de Singapour sur l'intégrité en recherche » a été élaborée lors de la 2ᵉ conférence mondiale sur l'intégrité de la recherche, qui a eu lieu à Singapour du 21 au 24 juillet 2010, et représente un guide mondial de la conduite responsable de la recherche. Ce document n'est pas une réglementation et ne représente pas les politiques officielles des pays et organisations qui ont financé ou participé à la conférence. Le document est disponible au lien suivant : http://www.cnrs.fr/comets/IMG/pdf/singapour_fr.pdf. Une déclaration complète sur l'éthique et l'intégrité de la recherche a été publiée en Mars 2011 dans le Code de Conduite Européen pour l'Intégrité de la Recherche, produit par la Fondation Européenne de la Science et la Fédération Européenne des Académies Nationales des Sciences, Arts et Lettres.
31. « The European Code of Conduct for Research Integrity », http://www.allea.org/wp-content/uploads/2017/03/ALLEA-European-Code-of-Conduct-for-Research-Integrity-2017-1.pdf
32. http://www.cnrs.fr/comets/IMG/pdf/singapour_fr.pdf.

5. *Communication des travaux :* Les chercheurs doivent, dès qu'ils en ont la possibilité, communiquer rapidement et ouvertement leurs résultats pour en établir la propriété intellectuelle et l'antériorité.
6. *Publication* : Les auteurs doivent assumer la responsabilité de leur contribution à l'écriture d'articles scientifiques, à la rédaction de demandes de contrat, de rapports de recherche ou de toutes autres formes de publication concernant leurs travaux de recherche. La liste des auteurs devrait inclure ceux et seulement ceux qui remplissent les critères de la qualité d'auteur.
7. *Les remerciements* : Les auteurs doivent faire figurer dans leurs publications le nom et le rôle des personnes qui ont contribué à la recherche mais qui ne remplissent pas les conditions pour être auteur : aide à la rédaction, sponsors, organisme financeurs.
8. *Évaluation par les pairs* : Les chercheurs doivent évaluer les travaux et projets qui leur sont soumis, dans des délais limités, de façon équitable et rigoureuse et respecter la confidentialité.
9. *Conflits d'intérêts* : Les chercheurs doivent déclarer les conflits d'intérêts financiers ou autres qui peuvent entacher la confiance dans leurs projets de recherche, leurs publications et communications scientifiques ainsi que dans leurs évaluations et expertises.
10. *Communication vers le public* : Les chercheurs doivent limiter leurs commentaires à leur domaine de compétence lorsqu'ils sont impliqués dans des débats publics sur les applications ou l'importance d'un travail de recherche et distinguer clairement ce qui relève de leur expérience professionnelle et ce qui relève de leurs opinions personnelles.
11. *Signalement des manquements à l'Intégrité* : Les chercheurs doivent informer l'autorité responsable de tout soupçon de manquement à l'intégrité incluant la fabrication de données, la fraude, le plagiat ou tout autre conduite « irresponsable » susceptible d'ébranler la confiance en la recherche comme la négligence, le manquement aux règles de signature d'article, l'omission de résultats contradictoires, ou l'interprétation abusive.
12. *Responsabilité de la conduite responsable de la recherche* : Les Institutions comme les journaux, les organisations professionnelles et les agences impliquées dans le domaine de la recherche, doivent disposer de procédures pour répondre aux plaintes de fraude ou de tout autre manquement à l'intégrité et pour protéger ceux qui rapportent de bonne foi ces actes. Lorsque ces manquements sont

confirmés, des actions appropriées doivent être mises en œuvre et les publications doivent pouvoir être corrigées.
13. *Environnement de la recherche* : Les institutions doivent susciter un contexte qui encourage l'intégrité à travers la formation, l'élaboration de règles claires et de critères rationnels pour l'avancement de carrière, en promouvant un environnement de travail qui prenne en compte l'intégrité scientifique.
14. *Recherche et Société* : Les institutions de recherche et les chercheurs doivent reconnaître qu'ils ont une obligation éthique de prendre en compte le rapport bénéfices/risques liés à leurs travaux.

Le plagiat

Les réglementations et directives des programmes de l'institution devraient clairement stipuler que tout le matériel-source doit être reconnu et entièrement référencé ; la forme dans laquelle ces références doivent être présentées doit également être précisée. Le plagiat reflète non seulement des faiblesses sur le plan académique, mais aussi des carences morales et spirituelles. Les mises en garde contre le plagiat doivent être soulignées dans les règlements de l'institution et les directives des programmes, tout comme doivent l'être les détails des sanctions qui seront imposées si le plagiat est détecté dans une thèse de doctorat.

Les autorisations

Toute consigne sur ce qu'il est permis d'inclure comme documents dans une thèse (par exemple, des documents issus d'un travail précédemment publié par le candidat) devrait être clairement communiquée aux étudiants dans les règlements et les directives écrites, dès le début de leur programme de doctorat. Les autorisations requises pour l'utilisation d'informations ou de données personnelles des sujets de recherche doivent être obtenues, et les codes d'éthique de la recherche doivent être suivis pour tout matériel impliquant des êtres humains.

20. Si des formations sont proposées au cours du cycle doctoral, elles doivent avoir une justification claire et être conçues pour développer des compétences.

Dans certains pays, un certain nombre de programmes de doctorat incluent des formations dans le cadre de leur phase initiale. Ces cours peuvent être utiles pour consolider la compréhension et ouvrir la porte à des domaines potentiels de recherche future. Ils doivent être clairement justifiés, et conçus pour développer des connaissances et des compétences en préparation du projet de recherche final.

- Lorsque les programmes de doctorat comprennent une combinaison de cours dispensés et de recherches dirigées, les cours doivent être conçus de manière à apporter à l'étudiant une maîtrise substantielle du sujet, de la théorie, de la bibliographie, de la recherche et de la méthodologie, couvrant une portion significative du champ de spécialisation.
- Les cours enseignés devraient chercher à développer la capacité de l'étudiant à penser de façon indépendante, à apporter une contribution créative dans son domaine d'études, avec une compréhension solide des champs apparentés pour assurer l'efficacité dans ce domaine. De cette façon, ils développent les compétences requises pour le projet de recherche majeur.
- Les méthodes d'évaluation orale et/ou écrite (par exemple, les examens complets) devraient être conçues pour développer la capacité de réflexion critique, les compétences d'évaluation et la pensée indépendante et créative requise dans le volet majeur du projet de recherche.
- Les cours enseignés devraient développer les compétences dont les doctorants ont besoin pour entreprendre et rédiger une recherche universitaire de valeur et bien soutenue, et pour une vie future d'apprentissage indépendant.

21. L'attribution du grade de docteur devrait être conforme au plus haut niveau de travail universitaire.

Dans son article de 2006 intitulé « Addressing the 'North-South' Divide » (Faire face à la rupture Nord-Sud), présenté à la triennale de l'ICETE à Chiang Mai, Chris Wright a déclaré :

> Se contenter de gonfler la valeur du patrimoine universitaire en inondant le marché de cours et de diplômes inférieurs en qualité aux normes requises, ne rendra aucun service au monde de la formation théologique et de l'érudition évangéliques. Soyons prêts à investir dans la qualité et l'excellence contextuelle à long terme. C'est ainsi que l'ICETE peut jouer un rôle majeur, en maintenant dans toutes

ses parties constituantes une responsabilité mutuelle sérieuse dans ce domaine[33].

Les standards de Beyrouth ont été élaborés dans le but même de produire des déclarations de haute qualité et internationalement reconnues sur ce que le doctorat devrait être et sur ce que les titulaires du grade de docteur devraient démontrer comme compétences. Lors de la soutenance d'une thèse de doctorat, les examinateurs doivent se poser la question suivante : « Si cette thèse était proposée pour examen ailleurs dans le monde, le grade de docteur serait-il attribué au chercheur ? »

L'excellence dans l'examen signifie s'assurer que les étudiants sont bien préparés à la soutenance. Cela implique de faire appel à des examinateurs dûment qualifiés et reconnus scientifiquement dans leur domaine. Afin de garantir le bon déroulement des soutenances, il faut des rapporteurs qui établissent chacun un prérapport selon les normes, autorisant ou non la soutenance, puis que l'université ait établit autant un déroulé de soutenance clair qu'identifié des critères d'évaluation mesurables.

Le contexte peut définir la forme de la soutenance. Certaines universités opteront pour une soutenance publique, d'autres une soutenance privée. La taille du jury peut varier. L'excellence est démontrée dans l'évaluation du travail de recherche, et la qualité du travail examiné doit être identique à celle produite par d'autres doctorants ayant reçu le grade de docteur aussi bien à l'échelle nationale qu'internationale. Les normes et critères d'évaluation devraient être transparents et équitables.

a. La préparation

Une soutenance de thèse se prépare de différentes façons : en assistant à d'autres soutenances, en organisant une pré-soutenance au sein de la communauté estudiantine, en présentant des travaux lors de colloques, etc. Ces opportunités apprennent aux chercheurs à discuter de leur travail et à le défendre auprès de leurs pairs universitaires.

b. La progression

Les critères d'évaluation de la progression de la thèse doivent être clairement établis dans un guide du parcours doctoral et communiqués à tous.

---

33. Chris Wright, « Addressing the 'North-South' Divide », document présenté lors de la conférence triennale de l'ICETE, Chiang Mai, 2006. http://icete-edu.org/pdf/C-06WrightAddressingtheNorth-SouthDivide.pdf

Là où cela s'applique, la fonction et l'objectif des composantes évaluées par un examen écrit dans les premiers stades du programme de doctorat, tels que les examens complets et leur relation avec l'octroi final du titre, doivent être clairement expliqués dans les règlements du programme.

c. La soutenance

Les établissements qui accordent des diplômes de doctorat mettent en place des règlements institutionnels pour la conduite des examens. La soutenance est effectuée dans un délai raisonnable, souvent dans les trois mois suivant la soumission finale de la thèse.

Les critères utilisés pour évaluer les thèses sont facilement accessibles aux étudiants, aux professeurs et aux examinateurs. Dans la plupart des cas, l'examen d'une thèse comprend une composante orale (la soutenance, ou défense de la thèse) dans laquelle les candidats ont la possibilité de discuter en personne et d'être interrogés en détail sur leur propre travail. Les examinateurs doivent également pouvoir s'assurer que le travail est bien celui du candidat. Dans les cas de soutenance orale de la thèse, elle est régie par des directives explicites concernant le déroulement de la soutenance. Lorsque la distance est un facteur déterminant pour les examinateurs ou les candidats, il est possible de procéder à l'examen par téléphone ou par voie électronique/vidéo, dans la mesure où l'utilisation de ces moyens n'est pas préjudiciable à la performance du candidat.

Les institutions veillent à ce que les examens de doctorat soient correctement modérés et menés avec l'impartialité et la rigueur académique de mise. Les procédures d'évaluation devraient être bien formulées pour être appliquées de façon juste et cohérente.

Les examinateurs doivent comprendre la nature de leur rôle au cours du processus d'examen doctoral, ainsi que la manière dont les décisions finales concernant l'octroi du titre universitaire sont prises. L'établissement dispose de lignes directrices et de procédures claires en cas de désaccord entre les examinateurs quant au résultat d'un examen de thèse. Des structures détaillées de comptes rendus devraient être mises en place, et la documentation mise à la disposition des examinateurs comprendra la possibilité pour chacun d'entre eux d'apporter ses commentaires personnels. Les formulaires de rapports destinés aux examinateurs doivent indiquer clairement les critères sur lesquels le candidat est examiné. Ceux-ci devraient inclure les types de critères établis dans les standards de Beyrouth.

d. Les résultats de la soutenance

La gamme des notations possibles de la soutenance devrait être clairement communiquée sous forme écrite aux candidats et aux examinateurs. Les résultats des examens doivent être rapidement communiqués aux candidats par les examinateurs, sous forme orale et par écrit, avec des instructions et des conseils sur toute révision qui pourrait être requise dans la thèse écrite.

Les institutions qui offrent des diplômes de doctorat avec des mentions (par exemple « honorable », « très honorable ») doivent disposer de critères écrits pour ces différentes mentions, et doivent les mettre à la disposition des étudiants et des examinateurs.

e. Les membres du jury

Les institutions établissent des procédures décrivant la composition, le choix et les responsabilités des jurys de thèses. Elles veillent à ce qu'ils ne soient composés que de membres aux compétences garantissant une équivalence de normes universitaires nationales et internationales. Pour cette raison, les institutions instaurent des processus d'examen doctoraux qui incluent normalement la présence d'un examinateur externe[34].

Les membres du jury sont tous détenteurs de diplômes de doctorat et demeurent actifs dans la recherche. Les examinateurs externes désignés doivent avoir l'expertise requise en relation avec le sujet, être des savants de niveau international, être toujours actifs dans la recherche et disposer de publications importantes et courantes dans le domaine examiné.

Pour les soutenances menées dans des contextes universitaires évangéliques, l'institution veillera scrupuleusement à la qualité scientifique du travail présenté.

Les membres du jury sont choisis au sein des professeurs n'ayant pas de conflit d'intérêt avec le candidat (travail, famille, église).

Les jurys d'examen pour doctorats professionnels doivent inclure des membres qui ont acquis leur connaissance de la matière examinée, grâce à l'obtention d'un doctorat fondé sur la recherche dans le même domaine ; comme ils doivent aussi inclure des détenteurs de doctorats professionnels et des membres disposant d'une vaste expérience en tant que praticiens réfléchis, reconnus comme leaders professionnels expérimentés sur le terrain.

---

34. Un examinateur externe est une personne qui n'est pas régulièrement employée par l'établissement où la recherche doctorale se déroule et n'a pas été impliquée dans la supervision de l'étudiant en recherche.

f. La communication des résultats de la soutenance

Les résultats de la soutenance doivent être confirmés par un comité des diplômes supérieurs au sein de l'établissement. Toute décision communiquée par le jury d'examen n'est normalement que provisoire. Les critères d'éventuelles non validation du diplôme sont toujours justifiés auprès du candidat.

Annexe

Détails de l'initiative doctorale de l'ICETE

Conseil consultatif de l'initiative doctorale de l'ICETE

Le Conseil consultatif de l'Initiative doctorale de l'ICETE (DIAC, ou Doctoral Initiative Advisory Council) est composé de formateurs internationaux expérimentés dans l'enseignement supérieur théologique évangélique.

Membres :

Carver Yu, China Graduate School of Theology (CGST), Hong Kong

Chris Wright, Langham Partnership (LP), Royaume-Uni

David Baer, Overseas Council (OC), États-Unis

Havilah Dharamraj, South Asia Institute of Advanced Christian Studies (SAIACS), Bangalore, Inde

Las Newman, Caribbean Graduate School of Theology (CGST), Jamaïque

Parush Parushev, International Baptist Theological Seminary (IBTS), Pays-Bas

Paul Bowers, Conseil International pour l'Éducation Théologique Évangélique (ICETE), États-Unis/Afrique

Paul Sanders, Conseil International pour l'Éducation Théologique Évangélique (ICETE), France

Ralph Enlow, Association for Biblical Higher Education (ABHE), États-Unis

Riad Kassis, ICETE/Langham Partnership

Sergiy Sannikov, Euro-Asian Accrediting Association (E-AAA), Ukraine

Tite Tiénou, Trinity International University, États-Unis

Nupanga Weanzana wa Weanzana, Faculté de Théologie Évangélique de Bangui (FATEB)

Comité directeur de l'initiative doctorale de l'ICETE

Le comité directeur de l'Initiative doctorale de l'ICETE est composé de formateurs internationaux expérimentés dans l'enseignement supérieur théologique évangélique et qui ont fait partie des précédentes consultations de l'initiative doctorale de l'ICETE.

Co-modérateurs :

Jung-Sook Lee, Torch Trinity Graduate University, Corée du Sud

Ian Shaw, Langham Partnership, Royaume-Uni

Membres :

Theresa Lua, Asia Graduate School of Theology (AGST), Philippines

Bernhard Ott, European Evangelical Accrediting Association (EEAA), Suisse/Allemagne

Bulus Galadima, Nigeria and Biola University, États-Unis

Evan Hunter, ScholarLeaders International, États-Unis

Melody Mazuk, directrice du développement de la bibliothèque, reSource Leadership International, Canada/États-Unis

Scott Cunningham, Overseas Council (OC), États-Unis

Table des matières

Préface ix

Section 1

    Les standards de Beyrouth 1

Section 2

    Les standards de Beyrouth :
    Adaptation aux doctorats professionnels 3

Section 3

    Bonnes pratiques pour la formation doctorale. 7
        I. Introduction 7
        II. Comprendre la nature de la recherche 10
        III. Principes clés pour une bonne pratique en formation doctorale 11

Annexe

    Détails de l'initiative doctorale de l'ICETE 51

Conseil International pour l'Enseignement Théologique Évangélique

L'ICETE est une communauté mondiale, parrainée par neuf réseaux régionaux d'écoles théologiques, pour permettre l'interaction et la collaboration internationales entre toutes les personnes engagées dans le renforcement et le développement de l'enseignement théologique évangélique et du leadership chrétien dans le monde.

Le but de l'ICETE est de :
1. Promouvoir l'amélioration de la formation théologique évangélique dans le monde.
2. Servir de forum d'interaction, de partenariat et de collaboration entre les personnes impliquées dans l'enseignement théologique évangélique et le développement du leadership, pour l'assistance, la stimulation et l'enrichissement mutuels.
3. Fournir des services de mise en réseau et de soutien pour les associations régionales d'institutions théologiques évangéliques dans le monde.
4. Aider ces organismes à promouvoir leurs services auprès de l'enseignement théologique évangélique dans leurs régions.

Les associations de parrainage comprennent :

Afrique : Association for Christian Theological Education in Africa (ACTEA)

Amérique Latine : Association for Evangelical Theological Education in Latin America (AETAL)

Amérique du Nord : Association for Biblical Higher Education (ABHE)

Asie : Asia Theological Association (ATA)

Caraïbes : Caribbean Evangelical Theological Association (CETA)

Eurasie : Euro-Asian Accrediting Association (E-AAA)

Europe : European Evangelical Accrediting Association (EEAA)

Moyen-Orient et Afrique du Nord : Middle East Association for Theological Education (MEATE)

Pacifique Sud : South Pacific Association of Evangelical Colleges (SPAEC)

www.icete-edu.org

Langham Partnership est un organisme chrétien international et interdénominationnel qui poursuit la vision reçue de Dieu par son fondateur, John Stott :

promouvoir la croissance de l'église vers la maturité en Christ en relevant la qualité de la prédication et de l'enseignement de la Parole de Dieu.

Notre vision est de voir des églises équipées pour la mission, croissant en maturité en Christ, par le ministère de pasteurs et de responsables qui croient, qui enseignent et qui vivent la Parole de Dieu.

Notre mission est de renforcer le ministère de la Parole de Dieu de trois manières:
- par la mise en place de mouvements nationaux de formation à la prédication biblique
- par la rédaction et la distribution de livres évangéliques
- par la formation d'enseignants théologiques évangéliques qualifiés qui formeront ensuite des pasteurs et responsables d'églises dans leurs pays respectifs

Notre ministère

Langham Preaching collabore avec des responsables nationaux en vue de la création de mouvements de prédication biblique dirigés par les nationaux eux-mêmes. Ces mouvements, qui naissent progressivement un peu partout dans le monde, rassemblent non seulement des pasteurs mais aussi des laïcs. Nos équipes de formateurs venus de beaucoup de pays différents proposent une formation pratique qui comporte plusieurs niveaux, suivie d'une formation de facilitateurs locaux. La continuité est assurée par des groupes de prédicateurs locaux et par des réseaux régionaux et nationaux. Ainsi nous espérons bâtir des mouvements solides et dynamiques, constitués de prédicateurs entièrement consacrés à la prédication biblique.

Langham Literature fournit des livres évangéliques et des ressources électroniques par la publication et la distribution, par des subventions et des réductions à des leaders et futurs leaders, à des étudiants et bibliothèques de séminaires dans le monde majoritaire. Nous encourageons aussi la rédaction de livres évangéliques originaux dans de nombreuses langues nationales par le biais de bourses pour des écrivains, en soutenant des maisons d'éditions évangéliques locales, et en investissant dans quelques projets majeurs comme *le Commentaire Biblique Contemporain* qui est un commentaire de la Bible en un seul volume rédigé par des auteurs africains pour l'Afrique.

Langham Scholars soutient financièrement des doctorants évangéliques du monde majoritaire dans le but de les voir retourner dans leurs pays d'origine pour former des pasteurs et d'autres chrétiens nationaux en leur proposant un enseignement biblique et théologique solide. Cette branche de Langham cherche donc à équiper ceux qui en équiperont d'autres. Langham Scholars travaille aussi en partenariat avec des séminaires dans le monde majoritaire afin de renforcer l'éducation théologique évangélique sur place. De ce fait, un nombre croissant de « Langham Scholars » (le nom « Scholars » signifie « boursiers ») peut aujourd'hui suivre des programmes doctoraux de haut niveau au cœur même du monde majoritaire. Une fois leurs études terminées, ces « Langham Scholars » vont non seulement former à leur tour une nouvelle génération de pasteurs mais exercer une grande influence par leurs écrits et par leur leadership.

Pour plus d'informations, consultez notre site: langham.org

www.ingramcontent.com/pod-product-compliance
Lightning Source LLC
LaVergne TN
LVHW051528070426
835507LV00023B/3367